花
千
樹

從渴求到成癮

被大腦「綁架」的生理和心理機制，以及評估和治療方法

鍾嘉健醫生 著

目錄

第一章
為什麼我們會上癮？

第二章

成癮者背後的故事、
治療過程和方法

為什麼我們會上癮？

1.1 成癮的運作機制：生理、心理、社交機制

你最狂熱的渴求是什麼？愛情？成功的事業？一刻久違了的興奮感？當網紅？抑或只是能簡單的可以睡一個好覺？不管是哪一種，我們都有取悅自己的方式。不過，這種取悅自己的方式，隨時會變成「毒」害我們，更可以成為我們盲目地追求的一種倚賴，而「成癮」就是這樣發生。

所謂「成癮」（addiction），醫學上將之定義為包含生理與心理因素的一種行為模式。當人長期沉溺於某種事物或嗜好然後形成習慣，這些嗜好和習慣會刺激大腦中樞「犒賞迴路」（reward pathway）系統，造成對其附帶的興奮或快樂的渴求，繼而再佔據整個人的生活，這樣便形成所謂的「癮」。而「癮」也可以分為「物質成癮」（substance addiction/substance dependence）或「行為成癮」（behavioural addiction）。一旦導致成癮的物質或行為被干預或無法得到／做到時，「成癮者」就會出現不同形式的戒斷反應（withdrawal）。

美國哈佛大學心理學學者霍華德・謝弗博士（Howard J. Shaffer）以「3C」概括了「成癮」的三個特點：

第一，有強烈渴求（Craving），甚至達到強迫的程度；

第二，雖然反覆嘗試卻沒法停止相關行為，並出現失控、失去自制的情況（loss of Control）；

第三，不顧後果地即使知道或已經有嚴重的負面效果，例如已經影響身體或精神健康、社交或家庭關係、工作或刑事責任等，仍堅持繼續（Continue the behaviour despite adverse consequences）。

「成癮者」會在已知「癮」可能造成不良後果的情況下，例如吸毒對身體構成永久傷害、浪費時間金錢、社會所不容，甚至屬犯法行為等，仍然無法控制，不斷重犯。「癮」的特性和嚴重性會因時間轉變，而「癮」也可以因為當事人嘗試戒癮，或回復正常而中斷。有時，「成癮者」可以達至間歇性的脫癮，甚至是永久性的康復，但也可以輪迴在成癮的地獄中，例如吸毒者有可能在脫癮、康復與復吸中無限輪迴。

事實上，「癮」能作出如此多元的影響，在於其複雜的運作機制。

生理機制：整個中樞神經系統功能失調的惡果

「成癮」曾經被認為是一種道德缺陷，一種弱者的表現。但隨着科學家對人腦的結構、功能和運作有了愈來愈多的了解，醫學界也逐漸對這個困擾着數百萬人，由濫用、渴求與戒斷現象所形成的惡性循環有了新的見解。

科技令人對腦袋演化出來的一套以化學物質「多巴胺」（dopamine）為基礎的「犒賞迴路」系統有了較深層的了解。原本「多巴胺」這種神經遞質（neurotransmitter） 純粹肩負令人產生慾望，以便衍生有益於人類生存的行為，譬如吃東西、繁殖、社交行為等。但當它對腦部激發出的快樂、快感和慾望超出了自控機制的負荷，「成癮」就會發生。這個時候，腦袋內的「犒賞迴路」系統基本上已經是被「癮」綁架了。

　　簡單解釋一下：「犒賞迴路」系統是由「多巴胺」從腦幹（brainstem）發放，沿着神經通路（neural pathway）去激活中腦的「腹側被蓋區」（ventral tegmental area，簡稱VTA）和「伏隔核」（nucleus accumbens）、前腦的「紋狀體」（striatum）及大腦「多巴胺」受體所組成的。任何令人快樂的事物和行為，即使是一杯咖啡、一件美味的甜點、一本好書、一個吻等都能作為「刺激」（stimulus）增加「多巴胺」在那神經通路的流量。在正常情況下，中樞神經系統會透過「轉載體」（reuptake transporter，又稱「轉運蛋白」）再攝取多出的「多巴胺」回收重用，繼而把神經通路帶回靜息狀態，直到再有「刺激」為止。情況就如在彈珠遊戲機中心玩彈珠機一樣，投入的錢幣（刺激）會從機器內射出彈珠（多巴胺），只有固定數量的彈珠能跌入得分口得分（快樂感），其他多出的彈珠會被回收口（轉載體）回收重用，直到再有投幣為止。但毒品和刺激性行為，譬如性愛的快感、在Instagram收到大量的「讚」等，卻能在短時間內激發VTA釋出大量的「多巴

胺」；有些毒品甚至能阻止「轉載體」再攝取「多巴胺」。這些過剩的「多巴胺」會持續不斷的跑到前腦的「背側紋狀體」（dorsal striatum），熟習曾做過的「好玩事物」，又會跑到「腹側紋狀體」（ventral striatum）內的「伏隔核」（nucleus accumbens）標記它所帶來的快樂和放鬆感覺，形成強烈的「渴求」。與此同時，過剩的「多巴胺」會進入到大腦的「前額葉皮質」（prefrontal cortex）並在「穀氨酸」（glutamate）這種氨基酸的協助下，進一步強化「渴求」。當「多巴胺」遊走到最後一站——「杏仁體」（amygdala），就會讓這裏的神經元（neuron）記下那種既爽又刺激的情緒反應和相關的影像，例如充滿喜悦的記憶、吸毒用具的影像、性愛畫面等。這種種令整個腦部產生變化，令你由想「需要」到形成「渴求」，最後確立「成癮」。

毒品進入人體後，大腦受刺激分泌多巴胺，
並從腹側被蓋區向伏隔核傳遞

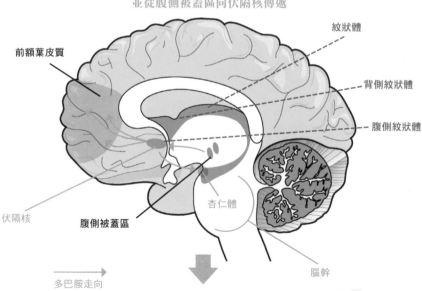

前額葉皮質

紋狀體

背側紋狀體

腹側紋狀體

伏隔核

腹側被蓋區

杏仁體

腦幹

多巴胺走向

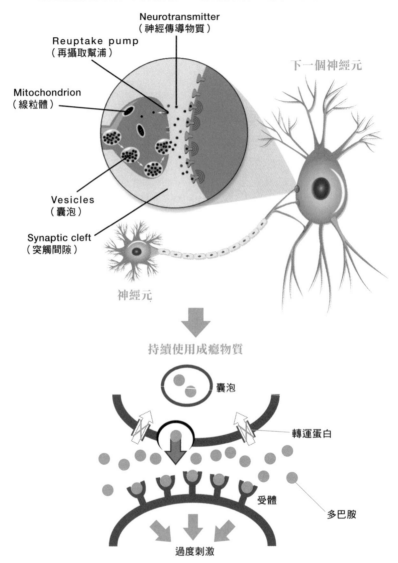

神經細胞通過神經突觸的神經鍵把訊號傳遞給下一個神經元

Neurotransmitter
（神經傳導物質）

Reuptake pump
（再攝取幫浦）

下一個神經元

Mitochondrion
（線粒體）

Vesicles
（囊泡）

Synaptic cleft
（突觸間隙）

神經元

持續使用成癮物質

囊泡

轉運蛋白

受體

多巴胺

過度刺激

毒品會影響多巴胺數量並打亂大腦的正常
記憶和認知平衡，最終導致上癮

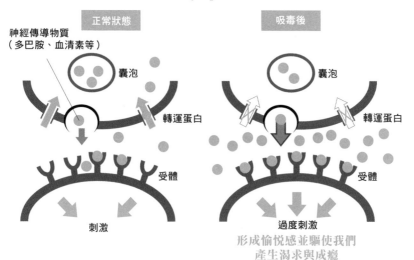

突觸間隙（synaptic cleft）

正常狀態

神經傳導物質
（多巴胺、血清素等）

囊泡

轉運蛋白

受體

刺激

吸毒後

囊泡

轉運蛋白

受體

過度刺激
形成愉悅感並驅使我們
產生渴求與成癮

此外，還有不能忽略的「戒斷反應」在整個「成癮」過程中重要的角色。所謂「戒斷反應」是指停止成癮行為後的不適反應，一般包括：坐立不安、噁心、全身乏力、焦慮、抑鬱等。很多時往往是因為「成癮者」不能抵抗這些生理上的不適而恢復成癮行為，令他們更泥足深陷。

有趣的是，重複又重複進行成癮行為會使整個「犒賞迴路」系統因欠缺靜息的機會來修復而造成超負荷，導致神經細胞和神經功能受損。所以「成癮」一段時間後反過來會減少中樞神經系統內「多巴胺」的合成、儲存量及可釋出的分量，造成「成癮」表現中的「耐受性」（tolerance）。在「耐受性」的影響下，「成癮者」需要用上更多分量、更密、更長時間去使用那構成「癮」的物質或進行成癮行為來維持原有的興奮感，進一步令他們更難逃離「成癮」的深淵。

心理機制：
「快樂」與「逃避不快」同樣催生「成癮」

從心理學角度來看，「成癮」是因重複被增強的反射行為及自願性行為共同催生而成的。根據目前的研究指出，其運作機制建基於兩套行為學上的重要理論：「巴夫洛夫制約」（Pavlovian Conditioning）和「操作制約」（Operant Conditioning）。

「巴夫洛夫制約」又稱「古典制約」（Classical Conditioning），由俄國心理學家伊凡·彼得羅維奇·巴夫洛夫（Ivan Petrovich Pavlov）於十九世紀提出，用來解釋有條件學習的原則。巴夫洛夫指出，將「條件刺激」與「無條件刺激」多次結合呈現後，除可獲得如反射性般的非自願性「條件反應」外，更會加強「條件反應」的表現。而「操作制約」又名「工具性學習」（Instrumental Learning），由美國哈佛大學心理學教授伯爾赫斯·法雷迪·史金納（Burrhus Frederic Skinner）在二十世紀初提出。史金納教授指出在「操作制約」下受刺激隨後出現的行為皆為「自願性」行為，而當行為得到獎勵或懲罰作為刺激，那些獎勵或懲罰又可以反過來控制這種「自願性」行為。

綜合以上兩個理論，「成癮」的過程可分為四個階段：喚醒，然後產生衝動，再實施行動，最後反覆行動。以吸毒「成

癮」為例，如果濫用者最初因工作煩惱去特定地點吸毒來減壓、尋開心，那地方、那份心煩慢慢會成為「條件刺激」。每當吸毒者感到無聊、心煩、壓力大的時候，甚至經過那通常吸毒的地方，就會反射性地不自覺的喚醒吸毒的行為和其伴隨着的歡愉。再加上追求快感本來就是動物的本性，所以當想到吸毒時所帶來的興奮、喜悅等正面快感情緒時，就會產生衝動去尋找毒品，然後付諸行動吸服。而隨着服食時間愈長或分量增加，毒品帶來的快感就愈趨強烈，間接成為吸毒者無形的「獎勵」，令他們增加吸毒的頻率。與此同時，當吸毒的時間、分量和頻率增加，停止吸毒時帶來的戒斷症狀也會愈趨明顯和嚴重，相對地就成為對他們的一種「懲罰」。為避免「懲罰」和鞏固「獎勵」的效果，吸毒者惟有持續用毒，跌落「成癮」的漩渦。

社交機制：家庭和朋友責無旁貸

雖然從表面上看，大多數的「成癮者」是為了追求刺激、快感等的喜悅感覺，或為着逃避戒斷症狀，在生理和心理機制的加持下，維持着他們的成癮行為，但據多年在「藥物濫用診所」和在精神科診症的臨床經驗中發現，他們背後的家庭系統和社會體系一般都同樣出了問題，才會通過這些行為去逃避現實帶來的煩惱。而且很多患者的家屬對「成癮」存有認知上的偏差，總以為純粹是成癮者的道德缺陷和意志力薄弱的問題，尤其是父母，當遇上子女「成癮」的問題，就只會一味怪責，卻很少反省自身在教育孩子上的缺失。

另外，成癮者的社交圈也可以是一個潛在危機。如果成癮者得不到同輩的接納、朋友的支持，或作出在社交生活和交友方式上的改變，那麼在康復時，如依舊跟同樣有「成癮」問題的人打交道，極可能會重蹈覆轍，無法脫癮。

1.2 物質成癮 (Substance Addiction)

根據美國精神醫學會（American Psychiatric Association）在2013年發表並用了長達十年時間研究和更新的《精神疾病診斷與統計手冊》第五版（*Diagnostic and Statistical Manual of Mental Disorders, 5th edition*，簡稱*DSM-5*），「物質成癮」也稱為「物質相關及成癮障礙症」（Substance-Related and Addictive Disorders）。而*DSM-5*就表列出九種已經有足夠科研數據證明能引致成癮障礙的物質，它們包括：酒精（alcohol），咖啡因（caffeine），大麻（cannabis），迷幻劑（致幻劑〔hallucinogens〕），吸入劑（inhalants），鴉片（opioids），鎮靜劑、安眠藥或抗焦慮藥（sedatives, hypnotics or anxiolytics），興奮劑（stimulants）和煙草（tobacco）。

要診斷出濫用者有否患上「物質使用障礙症」（Substance Use Disorder），精神物質濫用科醫生會依據濫用者在過去十二個月內濫用過的物質和其對他個人影響的深廣度，以及有否符合兩個或以上的下列症狀來判定：

1. 比預期的還大量或長時間攝取
2. 持續渴望或無法戒除或是控制使用
3. 很多時間花在獲得、使用或從該物質效應恢復

4. 渴求、有強烈慾望去使用

5. 反覆使用引致無法完成／履行工作、學校或家庭中的重大義務

6. 儘管使用該物質導致持續或反覆社交或人際問題，仍持續使用

7. 因為使用該物質而放棄或是減少重要的社交、職業或休閒活動

8. 在會對身體構成危險的情況下依然反覆使用

9. 儘管知道使用該物質恐引起持續或反覆生理或心理問題，仍持續使用

10. 符合「耐受性」（tolearance）以下兩項之一：
    a. 顯著增加使用該物質之需求而致中毒或想要的效果
    b. 持續使用等量的物質但效果顯著降低

11. 符合「戒斷」（withdrawal）表現以下兩項之一：
    a. 該物質的戒斷特色
    b. 使用該物質（或相當接近的物質）來緩解或避免戒斷症狀

　　同時，醫生更會診斷該「物質成癮障礙症」的嚴重程度、了解背後的成因和風險因素（risk factor），以及「成癮者」會否患有共生精神疾病（co-morbidity）或因使用該物質而引致的精神和身體病狀，例如情緒病、思覺失調、認知障礙、肝腎功能受損等，為他們制定合適的、個人化的脫癮療程，當中包括藥物治療、心理治療、社工服務、住院戒毒服務等。

1.3 行為成癮
(Behavioural Addiction)

　　過去，被世界公認的行為成癮疾病就只有「賭博障礙症」
（Gambling Disorder）。但隨着互聯網的發展，其他相關又可
能引致成癮的行為，例如性沉溺、網絡使用、遊戲、社交媒體等
都開始受到關注。直到2021年，世界衛生組織再次更新沿用了
差不多三十年的《國際疾病分類》（*International Classification
of Diseases*）第十次修定本，並發表第十一次修定本（簡稱ICD-
11）的同時，終於在第六章〈精神、行為或神經發展障礙〉的
〈成癮行為所致障礙〉篇中，新增了「6C51.0遊戲障礙，線上為
主」（Gaming Disorder, predominantly online）。

　　「行為成癮」為什麼經過三十年也只有兩種行為被正式納
入國際性的診症手冊內呢？一般認為這是由於在不同文化的
地區與國家，對哪種「行為」及其特徵和模式才算得上是「成
癮」並到達「障礙」程度還未能取得共識，以致各地未能有系
統性地搜集各種行為問題和「成癮」的普及率，或他們的發展
史所致。這種種也使有關研究「行為成癮障礙症」的治療方法
上，遠遠落後於其他精神疾病。

　　即便如此，英國諾丁漢特倫特大學社會科學系教授馬克‧

格里菲斯（Mark Griffiths）指出，「行為成癮者」通常帶有
六項特徵：

1. 突顯性（salience）：該行為已經佔據了患者的日常
   生活，以致控制了思想、情緒和行為
2. 情緒改變（mood modification）：患者的情緒隨參
   與該行為而明顯轉變
3. 耐受性（tolerance）
4. 斷癮症狀（withdrawal symptoms）：因突然減少
   或停止該行為而誘發出不適的情緒或身體反應
5. 爭執（conflict）：因為該行為導致患者內在的心理
   掙扎（intrapsychic conflict）或人際關係上的問題
6. 故態復萌（relapse）：即使脫癮後一段時間，該行
   為還會反覆出現，甚至在短時間內到達高峰時期的狀
   況

不少人會問「行為成癮」的人會不會其實只是患上了「強
迫症」（Obsessive-Compulsive Disorder）呢？

答案：不是！

雖然表面上這兩類患者都有不停重複某類既定行為的特
徵，可是，兩者的最大分別在於「行為成癮者」一般都在根據
自己「喜好」的行為行事，而且在過程中會享受到歡愉或輕鬆
感，即使事後他們可能要承受惡果，例如性愛成癮的人會享受

性愛的過程，但性事完結後他們可能會因這行為構成的問題和影響責備自己或令他人受責備。相反，「強迫症」患者從頭到尾都討厭着自己在反覆進行的行為，卻因為如果抗拒或停止該行為，反會引起更多的內心不安和焦慮感，才迫使他們要繼續進行而已。在這明顯的分別下，用以醫治「強迫症」的有效藥物如「血清素」型（serotonin-type）的抗抑鬱藥，或已有明確證據支持對「強迫症」有療效的心理療法——「認知行為治療」（cognitive behavioural therapy），面對着「行為成癮」時都束手無策，也令各種「行為成癮」的患者更急需於因應「成癮」的嚴重程度、背後的成因和風險因素，與醫生或治療師討論出一套個人化的治療方法。

　　在本書的第二章，讀者可以透過筆者在公立醫院精神科快將二十年的臨床經驗，以及當中十一個「成癮者」的故事，深入了解各類的成癮問題和相關的治療方案。

參考資料：

1. Alavi, S. S., Ferdosi, M., Jannatifard, F., Eslami, M., Alaghemandan, H., & Setare, M. (2012). Behavioral Addiction versus Substance Addiction: Correspondence of Psychiatric and Psychological Views. *International Journal of Preventive Medicine, 3*(4), 290–294.

2. Everitt, B. J. (2014). Neural and psychological mechanisms underlying compulsive drug seeking habits and drug memories—indications for novel treatments of addiction. *European Journal of Neuroscience, 40*(1), 2163–2182. https://doi.org/10.1111/ejn.12644

3. Griffiths, M. (2005). A 'components' model of addiction within a biopsychosocial Framework. *Journal of Substance Use, 10*(4), 191–197.

4. Shaffer, H. J., LaPlante, D. A., LaBrie, R. A., Kidman, R. C., Donato, A. N., & Stanton, M. V. (2004). Toward a syndrome model of addiction: Multiple Expressions, Common Etiology. *Harvard Review of Psychiatry, 12*(6), 367–374.

5. Shaffer, H. J., LaPlante, D. A., & Nelson, S. E. (Eds.). (2012). *APA addiction syndrome handbook, Vol. 1. Foundations, influences, and expressions of addiction.* American Psychological Association. https://doi.org/10.1037/13751-000

6. World Health Organization. *International Classification of Diseases 11th Revision (ICD-11).* Retrieved from https://icd.who.int/en

7.　　曾念生監修（2018）。《DSM-5精神疾病診斷與統計》第五
　　　版（2018）（*Diagnostic and Statistical Manual of Mental
　　　Disorders Fifth Edition*，簡稱 *DSM–5*）。台北：合記圖書出版社。

8.　　費立鵬等譯（2021）。《DSM-5 障礙定式臨床檢查（臨床版）》
　　　（用戶指南）（*SCID-5-CV*）。北京：北京大學出版社及北京大學
　　　醫學出版社。

第二章

成
癮者
背後的故事、
治療過程和
方法

2.1 吸毒媽媽

　　「舐犢情深？對於我依舊是鴨子聽雷；所謂『母愛』，真是存在嗎？」今年只有十九歲而就快要當媽媽的婷婷正攢着眉、苦着臉地喃喃自語。而這位有吸毒背景的準媽媽便是在四個多月前接受了駐守在「美沙酮診所」的社工轉介，來到「藥物濫用診所」就診。

　　還記得第一次聽着婷婷細說她的故事時，也真令我有一刻懷疑過世上真的有婷婷口中的那種母親嗎？雖說「第一個孩子跟書養，第二個孩子當豬養」(註1)，但作為母親，即使不至於「孟母三遷」，也應該會「為母則剛」吧。

　　婷婷是家中幼女，有一個比她大十歲的同母異父的姊姊。不過，對於這個所謂有血緣關係的姊姊，婷婷印象很模糊，只記得不過跟媽媽到「保良局」探望過她一、兩次罷了(註2)。至於為何姊姊要入住保良局，眾說紛紜，但都離不開一個說法：「沒有人知道你姊姊的親父是誰……而且你媽是『白粉婆』(註3)！根本連自己的生活也顧不了，還學人家廿多歲生孩子，怎麼可能獨自承擔親職照顧孩子，所以就乾脆送到『保良局』好了！」

根據婷婷所描述，她人生嚐到的第一口「鴉片」類毒品，正是拜她媽媽所賜。「雖然當時我只有四、五歲，但那一口所謂『果汁』(註4)的味道，相信我這一輩子也不會忘記。當時，我媽的男朋友因為貪玩，強迫我呷下那『果汁』，最令我心寒的是，我媽為討好她那可惡的男朋友、為得到他獎勵的一小包『白粉』，她不單沒有阻止，還竟然面目猙獰、齜牙咧嘴的在旁助紂為虐，聯手跟她的男朋友迫我吞下那口毒藥！」婷婷出奇的平淡地續道：「咽下那口『果汁』不久，我便感到頭昏腦脹，噁心想吐，連走路都是左搖右擺的。接下來幾天都倒胃，完全吃不下東西。我沒胃口對我媽來説，反而是好事，好讓她省卻照顧我飲食的差事，又可以一整天『啪針』和倒頭大睡。」雖然眼前的婷婷看似很淡然地道出自己的童年經歷，但對於當時只是一個弱小的孩子來説，在人生的初期便被迫經歷這些殘酷的遭遇，試問她的將來怎可正常地發展下去？她的人生觀又怎可能不被扭曲呢？！

　　婷婷漸漸長大，而她媽媽愈發變本加厲，「上電」、「追龍」(註5)、「啪針」……總之，就是毫不忌諱地在女兒面前展示各適其適的吸毒伎倆。「當我還是小學生時，她會哄騙跟我『玩遊戲』，説要用我的『小魔法』幫她拍打那骨瘦如柴的下手臂，迫使那藍色的血管顯現出來，方便她『啪針』。有時候，只要我的『小魔法』失靈，無法令那可惡的血管突顯出來的話，她便會暴跳如雷，罵我沒用，害她手臂東一片瘀西一片青，還會一巴掌、一巴掌的打在我臉上……通常到了這種境況，

她只好迫於無奈的以『吹口琴』去解決所需。更過分的是，她跟她男朋友有時甚至會肆無忌憚地在客廳脫下褲子，索性直接在大腿內側找血管『啪針』。鍾醫生，說也奇怪，儘管我從小與針管為伴，但不知怎的，現在凡要做抽血檢查或是因病要打點滴，我依然會骨寒毛豎，怕得要命！」想不到竟然還有東西可以令歷練老成的婷婷害怕。

　　在基本上沒有家庭管束下成長的婷婷，中學時期成了「夜青」(註6)。每天的例行公事就是通宵達旦在附近的公園流連，就算親睹那些「道友」在公園內「跳灰」和「上電」也覺得平常不過。「抽煙、喝酒，那些都是等閒事。當然，我間中也會奉陪朋友，以消遣形式玩玩『K仔』（即氯胺酮）。不過，我重申，由於我媽媽的緣故，我是十分痛恨『白粉』的，我認為自己一世也不會和它沾上任何關係；我亦以為我已經知道所有『上電』的方式，算是一名老手……可以避免自己掉進陷阱。」誰知一向自以為對「果汁」、「白粉」已是殫見洽聞、舉十知九的婷婷，卻給「一支煙」擊潰得瓦解冰消。說到這裏，老練的婷婷竟然有些哽咽地道：「那天，我如常的在公園遊蕩，一個皮膚白皙、長相俊朗，有幾分像『韓星』（即韓國藝人）的男生走過來。他叫阿琪，一個我永遠不會忘記的名字。聊了不久，他遞了『一支煙』給我。我最初不以為意，就像平常跟其他夜青搭訕一樣，接上他送的煙，然後邊抽邊跟他聊天，而愈聊愈覺得有種飄飄然的歡愉……我以為那歡愉的感覺純粹是因為能得到這個帥哥的垂青，而且我們也算聊得相當投契而已。

往後，我每晚都在差不多的時間，邊抽着阿琪給的煙，邊和他聊天，同樣地每次也感到莫名地歡愉和飄飄然，漸漸地我開始期待着每晚跟阿琪見面聊天的時間。直到大概兩個多星期後，阿琪突然消失了。他沒再出現的初期，我當然也有點失落。當我無奈地接受，以為就算沒了誰，生活也只不過是返回原點罷了，卻不知道原來阿琪的出現已令我的生命起了翻天覆地的改變！」

　　阿琪「失蹤」後的第二天，婷婷開始有刺骨發冷的感覺，肚痛特別厲害，而且淚水和鼻涕會不自覺地湧出來。「雖然當時氣溫徘徊在二十五、六度，我卻冷得一直發抖。毛衣、外套、棉被……我能穿的都穿上，能蓋的都蓋上，身體依然顫抖着。一剎那間，腦海中浮現出一個似曾相識的畫面——正正就是跟我媽毒癮發作時的狀況一模一樣！而同一時間，我瞥見我媽佇立在房門外冷笑，再拋下一句『廚房冰箱有果汁』後就出門了。『果汁……果汁……呀……！！』我還記得，我叫得有多歇斯底里！」之後的一、兩個月，「果汁」成為婷婷的「救生圈」，而「救生員」，正是她媽媽。「那一個月，算是這麼多年來我跟我媽相對相處最長的日子。後來，我更從她口中得知，原來阿琪是區內『豬仔』(註7)，連她自己有時也會找他買『煙』、『打高射炮』(註8)！阿琪失蹤原來是因為被控藏毒而給逮捕了。我媽其實已經不下數次看到阿琪遞煙給我抽，然而，作為媽媽的她竟然徹頭徹尾的沒想過要阻止什麼，卻任由我跟她一樣沉淪毒海！究竟為什麼會這樣？」看着眼前的婷婷

激動地落着淚，除了給她遞上衛生紙拭淚外，眼眶泛紅的我也只能默言無語。

「母愛，真的有存在過嗎？我會成為我媽的翻版，把毒害傳給我的孩子嗎？」撫着懷中小生命的婷婷一臉茫然的喃喃自語道。

婷婷會是自己母親的「翻版」，還是另一個王雅薇（註9）當上一個成功脫癮的好媽媽呢？

「毒王」「白粉」

相信提起「白粉」（即海洛英，heroin），讀者應該不會對它感到陌生。作為鴉片類毒品之一的「白粉」，在過去的三、四十年間，不但「穩守」香港最常被濫用的毒品之首，也是全世界的「毒王」！根據聯合國藥物與罪案辦公室 *World Drug Report 2021* 指出，濫用「鴉片類」（opioids）毒品的人數約佔全球七十五億總人口的1.2%，當中一半（即約四千五百萬人）都在濫用「白粉」（註10）。而在香港，過去十年平均每年就有四千七百多人有吸食「白粉」，佔保安局禁毒處統計數字中所有被呈報吸毒人士的一半（註11）！即使「白粉」已經面世超過一個世紀，依然於毒界屹立不倒，箇中原因又是什麼呢？

「鴉片」不是隨林則除而去了嗎？

鴉片（opium）促使香港百年前給割讓，使南北行海味店的翩翩公子「十二少」失去萬貫家財，也失去了「如花」(註12)，亦使個案中的婷婷兒時受虐、失去了母愛和未來當個快樂母親的憧憬。由此可見，鴉片的陰魂一直未散⋯⋯

人稱「毒王」的「白粉」，跟鴉片無異，都是從「罌粟」植物中直接提煉出來的鴉片類毒品，它們的近親包括本書〈2.5 愛，就是要「鐵達尼」？〉中提及的「可待因」、本個案中的「果汁」「美沙酮」，還有「嗎啡」（morphine）和「菲士通」（physeptone）。前幾年在美國因奪命無數而鬧得滿城風雨，更要迫使時任第四十五屆美國總統特朗普（Donald John Trump）簽署特別行政命令，最終落得全面受禁收場的止痛藥「芬太尼」（fentanyl），以及近年在東南亞地區如泰國、香港、歐洲、中東以至非洲，特別是在年輕吸毒者中非常受歡迎的另一款止痛藥「曲馬多」（tramadol，中文商品名為「舒痛停」，濫用者堆中又稱它為「Taxi」、「T仔」、「骨仔」等），還有「可待因酮」（oxycodone，又稱「羥氫可待因酮」，中文商品名為「疼始康」），亦皆為以純化學合成方法製成的鴉片類藥物，同屬「白粉」的遠房親戚。

「在人間建立天堂，便是打開通向地獄之門。」(註13)

　　事實上，我們每個人的大腦中樞神經系統內，每天都有自然而生的「鴉片」，它就是「內源性鴉片肽」（endogenous opioid neuropeptides）。當中一種最為人熟悉的，就是大家稱之為「快樂荷爾蒙」的「安多酚」（endorphin，即「腦內啡」，亦稱「腦內嗎啡」）。而在我們的神經系統內就有着不同的「類鴉片受體」（opioid receptors），包括「μ-類鴉片受體」、「κ-類鴉片受體」和「δ-類鴉片受體」，共同主管當「類鴉片受體」受激活後所帶來的興奮歡愉感、止痛、安眠，以及對心、肺和腸胃的各種生理反應。雖然「安多酚」屬自生「鴉片」，它所帶來的「快樂」卻不是經由直接刺激「類鴉片受體」而產生；它是通過抑制大腦中樞神經系統內的「γ-氨基丁酸型受體」（γ-aminobutyric acid〔GABA〕receptor）以增加神經末梢釋出更多另一種的神經遞質「多巴胺」來產生「快樂」和歡愉感。

　　相反，在「人間」煉成的「白粉」、其他鴉片類毒品和合成藥物（例如「美沙酮」），因經過化學步驟的洗禮，它們的物質結構已被「改良」得能具「選擇性」（selectivity）地通過接合、刺激或拮抗大腦中樞神經系統和「外周神經系統」（peripheral nervous system）內各款的「類鴉片受體」來達到它的效用。這跟「安多酚」和其他常被濫用的毒品如「大

麻」、興奮劑、「安眠藥」或「K仔」（即氯胺酮）要間接通過、提升或倚重在大腦中樞神經系統內其他的神經遞質才能產生作用來比較，吸食鴉片類毒品和藥物所帶來的效果，是直接、迅速而強烈。就正如很多初嚐「白粉」的人所形容，有如「躍上天堂」、「升仙」一樣！而這藥理上的獨特性，也同樣使吸食鴉片類毒品，尤其是「白粉道人」，比濫用其他毒品者更容易出現「心癮」（psychological dependence），亦更易把自己逼上如活在地獄般難受的「戒斷反應」（withdrawal）和出現更嚴重的「身癮」（physical dependence），然後一步一步墮入「成癮」（dependence）的黑洞，最後變成如個案中婷婷的媽媽一樣，受盡「白粉」的支配！

如果你問那些吸食「白粉」的人為什麼會「啪針」，他們十居其九會搶先回答：「有頭髮邊個想做癩痢？！」（註14）這其實也是拜「白粉」的「心癮」和「身癮」所賜！初嚐「白粉」的人一般都像個案中的阿琪和婷婷一樣，會先入煙「打高射炮」，或是「吹口琴」、「追龍」；有些則為求方便，會直接將「白粉」輾成粉末然後用鼻吸索。「打高射炮」或「吹口琴」就是利用肺部，令「白粉」進入肺泡的微絲血管，再輸送到大腦中樞神經系統；而「追龍」則利用鼻腔內的微絲血管來吸收，再輸送「白粉」到大腦中樞神經系統，以直接激活「μ-類鴉片受體」來獲得快感。正如前文提及，由於當中不涉及其他神經遞質，所以「白粉」帶來的快感甚至亢奮感，雖然是異常的強烈，但也相對的短暫，因此亦很容易令吸食「白粉」

的人為求追回那興奮感而將用量愈提愈高，形成「耐受性」（tolerance）之餘，「心癮」同時也愈趨嚴重。當利用微絲血管來吸收「白粉」的方法也只能帶來曇花一現乃至一瞬即逝的歡愉之後，他們只好用最直接、最快速但又最危險的方法──「啪針」，把「白粉」直接注射入血管，令「白粉」從血液中直達大腦中樞。

說「啪針」是最危險的方法，除了因為它可引致血管受損、閉塞、萎縮，或因缺乏消毒而造成細菌感染、引起敗血症外，在「藥物濫用診所」工作多年的臨床經驗中，就遇過不少「啪針」的「白粉道人」突然離世的通報，其中年紀最小的只有十七歲。他們的死因多為「鴉片急性中毒」（acute opioid intoxication），引發心臟驟停、呼吸系統壓抑至猝死。當中「啪針」其實只是「幫兇」，「元兇」是可能連逝者也要到地府閻羅王那邊才問得出來，它就是「心癮」！「白粉道人」都不會知道，相較「追龍」或「打高射炮」等方法，以「啪針」形式將「白粉」注入身體後，「白粉」的「生體可用率」（bioavailability）（即大腦中樞可經由血液獲得「白粉」的比率）可多出五成，「最高血濃度」（Cmax）會高出二至六倍，相反「排解度」（clearance）卻只有一半 (註15)。因為「心癮」而「啪針」的他們，往往誤以為最少也要用上跟「追龍」或「打高射炮」的相同分量才能克服「耐受性」和尋回以前的興奮感，所以他們萬萬想不到，就在那「一啪」間，腳已經踏入「急性中毒」的鬼門關了。

此外，「白粉」更恐怖的一面是，縱使吸毒者能控制「心癮」，又或是「時辰未到」能逃出「急性中毒」的鬼門關，他們也會因為「戒斷症狀」所引發的「身癮」，而難逃「白粉」的魔掌。「白粉」的「身癮」就如個案中婷婷所經歷的一樣，一般發生在停用後的廿四到四十八小時內，而且症狀非常明顯，包括焦慮不安、暴跳如雷、失眠、身體發冷顫抖、四肢無力、全身刺骨痠痛，又會促使眼淚、鼻涕流個不停，腸胃抽搐，腹瀉等。而令一般大眾也能輕易辨識這些「戒斷症狀」的原因，就是因為不少演員都曾在電視、電影把這些表徵演出得淋漓盡致。亦正因如此，吸食「白粉」的吸毒者一方面為了要避免這些難忍的身體不適，另一方面為免徵狀出現將自己有吸食「白粉」的惡習暴露於人前，惟有依從「身癮」，繼續當上「白粉」的奴隸，甚至為了「白粉」會如婷婷的媽媽一樣引發家暴、虐兒、不顧親情，又或像阿琪一樣以身試法！

「白粉」成癮 = 萬劫不復？

當「白粉」成癮後，吸毒者的確很難在沒有任何幫助下脫癮。可幸的是，相對其他常被吸食的毒品，例如它的近親「咳藥水」，醫學界尚算有「張良計」來輔助「白粉」成癮的人士脫癮，而「藥物輔助治療」（medication-assisted treatment）算是當中最為世界各地採用的方法。

過去半個世紀，「美沙酮」是最為人熟悉用以幫助「白

粉」脫癮的藥物。藥理上，它跟「白粉」一樣都會直接激活「μ-類鴉片受體」，但它們最大的差異在於兩者不同的「半衰期」（half-life），亦即其濃度經過身體代謝後降低到初始濃度之一半所需消耗的時間。一般來說，經過五個「半衰期」之後，身體就可以將所有服用過的藥物或毒品排走。「白粉」的「半衰期」由幾分鐘到少於一小時，但「美沙酮」的「半衰期」可以由八小時到長達兩天！而正正是這個時間性差距，服用「美沙酮」之後，「心癮」、「戒斷症狀」以及「身癮」也會比較輕微，這個特點使其本身成癮可能減低，也更有能力作為「白粉」的「替代性藥物治療」（substitution therapy）。自1973年起，香港就開創先河設立了全年無休的「美沙酮診所」，並直到現在依舊以每次象徵式$1收費，提供包括醫生評估、「美沙酮」、社工輔導和為有需要人士（如個案中的婷婷一樣的孕婦）作相關服務轉介和跟進。相對其他地區如台灣要每年自費約$31,000新台幣（折合大概$8,600港幣）到醫院接受治療，香港算是「不計成本」地為「白粉」成癮的人提供可持續的社區緩害戒毒服務。

雖然「美沙酮」有效，甚至可以在醫生和護士緊密的評估、跟進和監督下用於青少年、如婷婷般的孕婦、哺乳媽媽等高風險吸毒者，然而，它也像「白粉」一樣可透過胎盤血液、母乳輸送給胎兒和幼兒，引發早產、幼兒的脫癮反應等，亦更如「白粉」一般可以被濫用和引發成癮問題。事實上，只要在短時間內飲用高劑量的「美沙酮」，也可以如「白粉」一樣

帶來興奮感！故此，有些「道友」會無所不用其技，把「美沙酮」「偷含」出走！説是「含」是因為診所規定服用者必須要在診所護士面前當下把「美沙酮」吞下才能離開。於是，有不少「癮君子」就拿出「過牆梯」：先把吸水海綿或棉花塞滿在舌頭下和口腔兩側，然後假裝飲下分發的「美沙酮」，再把滲濕滲透「美沙酮」的海綿、棉花「偷含出走」。之後，他們有的會像個案中婷婷的媽媽般帶回家冷藏以備不時之需，有的會轉售賣給別人賺錢或換取其他毒品！

不過，在診所外更常發生的是一幕幕的「上電」情節：由於「白粉」成癮太深，但又缺錢、缺貨，於是有些「癮君子」這邊廂剛從診所吞下「美沙酮」，那邊廂一步出來就已經急不及待買「粉」「啪針」。他們之中就有不少落得「急性中毒」的下場，有的當場斃命之時，連手臂或大腿內側還都插着針筒，與它共赴黃泉。他們有的即使大難不死，卻又在「升仙」境界中隨手亂棄已經使用過的染血針筒，製造不少公共衛生和治安問題（註16）。

為彌補「美沙酮」的缺陷，過去幾年也有第二代藥物陸陸續續的應用在「白粉」成癮的治療上。已經在香港正式註冊的就包括：「丁丙諾啡」（buprenorphine，中文商品名為「速百騰」）、「納洛酮」（naloxone）、「丁丙諾啡」和「納洛酮」合成劑（Suboxone，中文商品名為「舒倍生」）和「納曲酮」（naltrexone）。這些新型藥物跟「美沙酮」不一樣之處，

除了在藥理上能減低甚至防止「μ-類鴉片受體」受激活，從而達到減少「心癮」和「身癮」外，為了避免吸毒者在取得藥物後販賣轉售，它們特別備有多種不同的使用方法，如「脷底丸」（即舌下錠）、透過皮膚吸收的「皮膚貼」和一個月的長效性肌肉注射劑，以避免出現如「美沙酮」般給偷「含」出走的可能性。

值得留意的是，不論使用哪一種藥物來協助「白粉」吸毒者戒癮，研究顯示如果用藥階段能同時配合心理治療，例如：利用「認知行為治療」（cognitive behavioural therapy）來協助吸毒者表達情緒、控制「心癮」和學習向其他毒品提供者「say NO」的技巧等，又或是提供「住院式戒毒服務」（residential detoxification services），都能提升戒癮的動機、戒癮成功的比率，以及減少覆吸的可能性 (註17)。

註1：　　　　　擇自2014年度澳門文學作品選——承鈺《母親的承諾》。

註2：　　　　　保良局成立於1878年，為香港慈善機構之一，承辦多項社會服務，當中包括為缺乏家庭妥善照顧之兒童及青少年提供住宿服務。詳見 https://www.poleungkuk.org.hk

註3：　　　　　「白粉」即海洛英或海洛因，又有稱「四仔」（即四號海洛英）。「白粉婆」是對吸食海洛英的女性的俗稱，又有稱「道姑」、「道友婆」。男性常會被稱為「白粉佬」、「道友」。有時統稱所有海洛英吸食者為「老同」、「道友」、「白粉道人」、「癮君子」等。

註4：　　　　　即「美沙酮」，為藥物methadone的中文音譯，也有譯作「美沙冬」。由於略帶微苦，所以香港早期的「美沙酮」會混入橙汁飲用，故被稱為「橙汁」。後來，因發生多宗兒童誤飲橙色「美沙酮」而中毒甚至身亡的慘劇，香港政府為免兒童再把橙色的「美沙酮」誤當「橙汁」飲下，於1990年代中期把「美沙酮」改為綠色藥水，所以其後又被稱為「蜜瓜汁」。

註5：　　　　　「上電」指需要吸食海洛英以維持一般的動力。而「上電」的方法主要分為兩大類：第一，是以注射方式直接將海洛英溶液打入血管（通常為靜脈），俗稱「啪針」。第二，是把海洛英加熱霧化成氣體，再用錫紙捲成吸管，或用火柴盒空殼，「追」着氣體吸啜；前者俗稱「追龍」，後者則為「吹口琴」。

註6：　　　　　即夜歸青少年。據《大紀元》於2012年12月18日引述香港協青社的深宵外展隊資料報道，於2009年至2012年間他們接觸過的兩萬四千名夜歸青少年中，年齡介乎於十二至十五歲的有近三成四，十六至十八歲的有近四成五，而且一成半有濫藥問題。

註7：　　　　　又稱「走粉」，指販賣海洛英。而販賣海洛英的人有時會被稱為「豬仔」或「拆家」。

註8：　　　　「打高射炮」又稱「打老高」，即以入煙方式吸食海洛英。吸食者會將香煙的部分煙絲取出，再放入海洛英後吸食。為防粉狀的海洛英會傾出，吸食者在點煙前會先仰頭，才燃燒香煙，故以此吸食的姿態作隱喻。

註9：　　　　王雅薇為電影《錯過又如何》（英文片名 *Clean*）的角色，由香港女演員張曼玉小姐飾演。電影由法國導演Olivier Assayas編導。故事講述染有白粉毒癮的雅薇怎樣為兒子戒除毒癮，重新振作。而張曼玉小姐也憑電影榮獲第57屆法國康城電影節最佳女主角的榮譽。

註10：　　　詳見聯合國藥物與罪案辦公室 *World Drug Report 2021*. https://www.unodc.org/unodc/en/data-and-analysis/wdr2021.html

註11：　　　香港特別行政區政府保安局禁毒處藥物濫用資料中央檔案室2011-2020統計數據。

註12：　　　「十二少」（張國榮飾）和「如花」（梅艷芳飾）是2005年獲香港電影金像獎協會票選為「最佳華語片一百部」之一的香港電影《胭脂扣》的角色。電影改編自李碧華女士的同名小說，由關錦鵬先生執導。劇情講述「十二少」及名妓「如花」本應以吞「鴉片」殉情自盡，但前者獲救，後者因於陰間久等愛郎不果，返回陽間尋人的愛情故事。電影囊括第24屆金馬獎及第8屆香港電影金像獎多項大獎，包括最佳電影、最佳導演、最佳編劇、最佳女主角、最佳攝影、最佳剪接及最佳電影歌曲，亦奪下第10屆法國南特影展金熱氣球獎。而梅艷芳小姐更憑電影成為三料影后，一舉摘下台灣金馬獎、香港電影金像獎及亞太影展最佳女主角。

註13：　　　摘改自《荷爾德林文集》，荷爾德林著，戴暉譯，2003年由商務印書館出版。正文第29頁倒數第6行：原句為「人想把國家變成天堂時，總是把它變成了地獄。」

註14： 香港俗語，指如果可以選擇，誰會選擇較差的結果。通常用以比喻因周遭環境所逼而所作的、迫不得已的選擇。

註15： Rook, E. J., van Ree, J. M., van den Brink, W., Hillebrand, M. J., Huitema, A. D., Hendriks, V. M., & Beijnen, J. H. (2006). Pharmacokinetics and pharmacodynamics of high doses of pharmaceutically prepared heroin, by intravenous or by inhalation route in opioid-dependent patients. *Basic & Clinical Pharmacology & Toxicology, 98*(1), 86-96. https://doi.org/10.1111/j.1742-7843.2006.pto_233.x

註16： 可參考其中一則《東方日報》於2012年的新聞報道〈美沙酮診所 近民居捱轟〉：https://orientaldaily.on.cc/cnt/news/20120702/00196_001.html

註17： Sofuoglu, M., DeVito, E. E., & Carroll, K. M. (2018). Pharmacological and Behavioral Treatment of Opioid Use Disorder. *Psychiatric Research and Clinical Practice, 1*(1), 4-15. https://doi.org/10.1176/appi.prcp.20180006

2.2 生於幸福家庭的毒小孩

「鍾醫生，在別人眼中，我們的家庭小康又幸福，但我知道我們都不快樂。我爸是個警司，工作時間長，平時不會主動關心我，對待我就像他在紀律部隊的其中一個下屬；嚴格、苛刻、服從、紀律，才是他的王道。我媽是校長，在她心目中，沒什麼比主動報告和交出好成績重要！不錯，或許我曾經贏在起跑線上，然而，之後我一直在跑的不是平坦的「蒙多跑道」（Mondotrack），而是遍地泥濘的高海拔馬拉松！整間屋放得滿滿的獎牌、獎盃、獎狀……甚至連我這個讀Band 1名校的兒子，都只是他們拿出來跟親友炫耀與充面子的工具！」

十五歲的浩文，家住喇沙利道，從小開始就在那種「貴族」和「名牌」的教育制度下成長。順着父母為他編製的路徑規劃，中學考上了中西區的傳統名校。但是，誰也沒想到，浩文不僅一早已經厭倦了為別人而活的「康莊大道」，之後更心甘情願的踏上「牛」「草」(註1) 滿途的羊腸小道。

「在這個家生活，要小心翼翼。平日要依循從早上七點到晚上十點的預設時間表：起床、吃早餐、返學上課、放學、上補習班、到家、晚餐、溫習、洗澡、上床睡覺……一切都被軍

隊式的規範化。要得到家中兩位『長官』的一顧之榮，『成績好』是基本，擒下各學科的『三甲』才是進場門票！鍾醫生，Band 1名校呀⋯⋯每個人不是小學的『狀元』，就是『榜眼』，進得來就讀的『探花』已經是異類。而我，除了中學一年級那年進過「精英班」之外，這兩、三年都被扔進去其他的『次等』班。可惡的是，我爸媽從不諒解，對我不單愈來愈嚴苛，即使從未打罵，但那刺骨的沉默、厭惡的眼神、冰冷的面容，對於我，就是一種錐心的『冷暴力』。我漸漸覺得自己是父母、老師、學校的雞肋，『食之無肉，棄之有味』。」

聽着浩文報告般的表述，我依然有點困惑，按捺不住問：「浩文，在這種鎖喉式的日程安排上，你怎麼還能擠出空間和時間去『隊草』？而且，又為什麼是『草』呢？」眼前的浩文正正是因為吸食「大麻」的問題，被學校社工轉介來到「藥物濫用診所」就診。

浩文先是沾沾自喜的冷笑了一下，接着又不疾不徐的報告下去。「鍾醫生，很多人以為名校的學生都一定乖巧，其實像我這樣的『棄卒』、『微塵』在學校內觸目皆是。如果Band 3的『壞學生』在學校抽煙是常事，那Band 1的『棄卒』，自然更不能『輸人』、『輸陣』，所以『隊草』才襯得上我們的身份。何況名校除了會盛產『狀元』之外，校舍大得可以放入游泳池、運動場也是賣點啊！所以，在我那擠得像活在缺氧的外太空中的日程表上，我就寄生在校舍的某個角落，和其他『上

流寄生族』（註2）一起『放負』、一齊『任性』、一同『隊草』。在『寄生族』內，每個人的角色分明，低年級的負責清潔工作，中年級的是『保安員』負責監控人流、『睇水』（即把風），高年級的肩負『遴選』或『供貨』的任務。而我們從不在校內兜售『大麻』，也嚴格禁止使用其他毒品。我們從不缺錢，也表明不會從中賺同學的錢！事實上，我們缺乏的、需要的、渴望的，就是從我們爸媽那邊遺失已久的『寶藏』：一對願意細心聆聽的耳朵、一雙會為我們努力過而閃耀的眼睛、一張會在我們成績進步時而表現出高興的臉，以及一個在我們覺得失意、氣餒時溫柔的擁抱！老實說，無論是哪一組別的學校，都有學生吸毒，但大家都很怕吸毒學生毀校譽，尤其是名校。所以即使之前曾有新來任教的老師發現我們『隊草』，被消失的卻是他而不是我們這班『寄生族』。假如這次不是因為數學科成績不及預期，再次承受了『冷暴力』，我也不會連續三天『隊草』令分量過多，以致雙眼通紅、表現古怪，然後引起駐校社工懷疑，向我父母告發。可是，當我以為學校、老師會幫助我，他們卻只把我『隔離』自修；當我以為我爸媽會嘗試了解我、原諒我、接受我、鼓勵我，他們卻只把我當成一個『罪人』、一椿『家醜』！我爸就當我是『道友』、『廢青』，把我當作罪犯；我媽更加只覺得我令他們丟臉，終日以淚洗面，哭哭啼啼。於是最後，給我避難所的又只有『上流寄生族』，給我安慰的也只剩下『草』……」

大麻

「大麻」的英文名稱繁多，比較為人熟悉的就包括 cannabis、hemp、weed 或 marijuana。事實上，「大麻」是泛指由三種同科植物 —— *cannabis sativa*、*cannabis indica* 及 *cannabis ruderalis* 採集加工，再混在一般香煙裏或是另外捲成紙煙吸食的毒品。

從科學角度看，「大麻」的作用源自於「大麻素」（cannabinoids），而一棵大麻植物內就蘊含着過百種「大麻素」。現時，在醫學界科研領域中，研究得最多而又有較深認識的「大麻素」為「大麻二酚」（cannabidiol，簡稱CBD）和「四氫大麻酚」（tetrahydrocannabinol，簡稱THC），後者又稱「△9-四氫大麻酚」（△9-THC）。當中，又以「四氫大麻酚」對大腦中樞神經系統有着最廣泛但又最具破壞性的影響。「四氫大麻酚」分佈於大麻植物的花、葉、莖以至根部，一般來說「大麻花」帶有最高濃度的「四氫大麻酚」，葉、莖次之，而根部濃度最少。在毒品市場上流通又常被濫用的「大麻」，大多是由 *cannabis sativa* 或 *indica* 採集後經過乾製的花葉所混成，故此常被俗稱為「草」或「牛」。

很多「大麻」的「擁躉」和吸食者，都傾向將其「美化」為有過千年歷史的天然草本植物，有些更言之鑿鑿的聲稱它有卓越的藥用價值，並以「醫藥用大麻」（medical marijuana）

為「實例」指「大麻」也可以一樣幫助放鬆心情、止痛、治療癲癇、緩解失眠⋯⋯所以偶然吸食根本並無大礙，不但不會上癮，甚至比香煙更健康！但事實並非如此。首先「醫藥用大麻」並未獲世界任何一個發達國家公認、認證或正式獲得授權以「一線有效藥物」（first-line medication）方式登記註冊為醫療藥物，它只限用於紓緩一些正規藥物未能完全控制的病徵，更談不上可以除根治病。其次是「醫藥用大麻」內的「大麻素」成分和濃度可以非常參差，完全不符合正統藥物和其成分必須達到均一標準的規定。更重要的是，不論是「大麻」抑或是「醫藥用大麻」，一旦長期使用也可引致成癮，根本與其他毒品無異！

「大麻」也會成癮？開玩笑吧！

說到「大麻」成癮，吸食「大麻」的初期，的確可以令人感到輕鬆愉快，有時甚至感到興奮，同一時間「癮」亦開始羽翼漸成：吸食者漸漸發現他們有種對「大麻」不能言語的渴求（craving），甚至不知不覺的愈抽愈多，以尋回之前那種相同的快感。有趣的是，大部分的「大麻」用家都不察覺其實他們已經出現「耐受性」（tolerance），所以在臨床經驗上聽到最多的，不是那份愈抽愈兇的自省，反過來是只管抱怨一直「光顧」的「大麻」賣家「啲『草』唔得」（貨源不佳）、「將貨就價」等。與此同時，他們亦會開始感受到不同程度的「戒斷」症狀（withdrawal），輕微的就如有種不能名狀的焦慮感、易

怒、坐立不安、食慾不佳、失眠、發噩夢等。

　　「癮」更深一點的濫用者，更有可能患上「大麻」獨有的「動力缺乏症候群」（Amotivational Syndrome，又稱「無動機症候群」）。這群患者不單對周遭事物喪失興趣和動力，他們的情感敏銳度也會消失，而認知功能，尤其高階執行功能和專注力也會受損。最可怕的是，由於它致症的確切成因未明，所以並沒有對應的治療。而且即使日後濫用「大麻」者停止濫用「大麻」，這些徵狀也不能完全逆轉，因而造成永久性的傷殘。

「大麻」害人，影響一生？

　　「大麻」的禍害，其始作俑者就正正是之前提及過的「四氫大麻酚」。現今，在眾多已知的「大麻素」中，「四氫大麻酚」透過「大麻素受體一型」（cannabinoid receptor type 1，簡稱CB1）對中樞神經系統內各種「神經遞質」（neurotransmitter）產生最為嚴重和廣泛的不良影響。這些受其影響的「神經遞質」包括多巴胺、去甲腎上腺素，以及血清素。當這三種「神經遞質」受到「大麻」影響後，又會引發後續連鎖效應，衍生更進一步的失衡狀態，形成連「大麻」吸食者都從沒預期過的惡果——「嚴重精神病患」（severe mental illness），如思覺失調、躁鬱症、抑鬱症、焦慮症等，並需長時間服用抗精神病藥物治療。

而最受「大麻」影響深遠的一群，正正是個案中跟浩文和「寄生族」一樣的青年人！在美國有綜合研究報告指出，十八歲或以前吸食過「大麻」的青少年，儘管之後停止濫用「大麻」，他們在三十二歲前患上抑鬱症（比值比為1.37）、有自殺傾向（比值比為1.50）及曾有自殺行為（比值比為3.46）的比率會異常地飆升（註3）！而紐西蘭也有研究顯示，十五歲前有使用過「大麻」的青少年，二十六歲前患上思覺失調的風險也會相應增加（註4）。另外，在一項橫跨英國、法國、荷蘭、意大利、西班牙和巴西六國的聯合研究更發現，每日吸食「大麻」的人相比從沒吸食過「大麻」的人，患上思覺失調的風險高三倍（比值比為3.2），而且其風險更會隨「大麻」內「四氫大麻酚」的含量增加——當「四氫大麻酚」含比多於一成，吸食者的患病比率驟升近五倍之多（比值比為4.8）（註5）！儘管有些青少年人能僥倖躲得過這些「嚴重精神病患」，可惜他們也避免不了因為吸食「大麻」對他們認知發展的影響。在美國，一項為期四年並針對三千八百多名十二歲以上的中學生的研究發現，有吸食「大麻」的學生，他們在認知能力方面，特別是「延緩回憶」（delayed recall memory）、「工作記憶」（working memory）、「知覺推理」（perceptual reasoning）和「認知抑制」（cognitive inhibition）四方面的衰退都非常顯著，而對他們學業和將來個人成就的壞影響，更加不容小覷（註6至7）！

　　這些科研實證，也詮釋了為什麼只有極少數國家如加拿大、烏拉圭和在美國某些州份（如加利福尼亞州、密歇根州

等）甘願冒險將「大麻」「合法化」（legalization），又為什麼只有個別國家如荷蘭、澳洲的北領地和南澳洲等，極其量把「娛樂用」（recreational use）「大麻」施行「非刑事化」政策（decriminalization），而非將它「合法化」。要強調的是，世界各地絕大多數的國家和地區，包括美國大部分州份、歐盟大部分成員國，以及亞洲國家和地區如日本、韓國、泰國、新加坡、中國內地、台灣、香港等，也視「大麻」為百害而無一益的毒品，亦維持把擁有、種植和吸食「大麻」列為刑事罪行，違例者即可判處監禁。

「名校生」也會吸毒？

香港早年有戒毒機構調查了全港一百零七間中學，發現至少有七十六間中學曾有學生濫藥，當中近兩成屬「名校生」（泛指就讀Band 1和Band 2的學生）。他們亦發現有三十七間學校有學生在校內販賣毒品 (註8)。此外，根據香港保安局禁毒處《2020/21年學生服用藥物情況調查》報告資料顯示，在成功受訪的超過十一萬名學生中，2.5%的學生（即約二千八百名學生）都曾經吸毒，而當中多達70%以吸食「大麻」為主，較報稱有濫用咳藥水或近年非常流行的「冰毒」的同一族群，分別多出四倍和十一倍！值得留意的是，調查內有20%的學生是跟同學一起吸毒，有8%吸毒的地點正好在校園內 (註9)。由此可見，學生吸毒問題不是新鮮事，像個案中浩文這樣的「名校生」在校園內吸食「大麻」，亦不是什麼「激罕」的極端例子。

歸根究柢，青少年吸毒往往和自身家庭問題息息相關，冷漠、疏離、糟糕的家庭關係才是導致吸毒的罪魁禍首。別人的引誘、朋輩的影響、好奇心驅使、無聊好玩……這些表象其實都只不過在呈現出埋藏已久的根本原因：父母未能有效管教子女、親子關係欠佳、在家庭中被忽視、家庭結構不穩等。青少年人處於一個關係緊張的家庭環境下，親人之間又充斥着隔閡、誤解、責罵，不少人為了逃避現實，便會選擇上這條「捷徑」。很多父母不明白，自己過於嚴厲的教育子女，或過於冷漠，都會導致子女心感徬徨，甚至覺得自己缺乏關愛和安全感。而「名校生」很多時更要背負着成就父母期望或追求成績分數的壓力，一旦抗壓能力「爆煲」，未能應付各種問題時，便會容易像個案中的浩文一樣，去尋求逃避現實的方法，而毒品往往在此時會來個攻其不備的突襲，乘虛而入。

青少年「大麻」成癮就「無藥可醫」？

「大麻」成癮的人需要治療，特別是無論身、心、智都在成長階段的年輕人更需要加護。

直到目前為止，醫學界還未能研製出任何有效的藥物來根治「大麻」成癮、「大麻」引發的「動力缺乏症候群」，或延緩難忍的「大麻」戒斷症狀。即使用上含有高純度「四氫大麻酚」的藥物作「替代治療」（substitution therapy），例如用以緩解愛滋病患者厭食症狀的藥物「屈大麻酚」

（Dronabinol），或用來減輕癌症患者和「多發性硬化症」（Multiple Sclerosis，簡稱MS）病人痛楚的Nabiximols，也起不了緩害或斷癮的治療性效果（註10）。過去幾年，在科研上算是稍有眉目的治療項目，就只有一種代號為PF-04457845的「脂肪酸醯胺水解酶抑制劑」（fatty acid amide hydrolase inhibitor）。其研究團隊剛發表此實驗藥物在男性成年人身上進行的第二期臨床研究報告，結果顯示相較只服用安慰劑的組別，它能幫助緩解「大麻」成癮者首兩天的戒斷症狀，以及能減少他們首四週的「大麻」用量（註11）。至於PF-04457845能否在隨後的第三期臨床試驗中脫穎而出，甚至能同樣應用於青少年「大麻」成癮者身上，只能拭目以待了。

故此，現時對青少年「大麻」成癮者來說，唯一的曙光，可能就落在同樣需要治療的家庭上。「家庭治療」（family therapy）這個名詞在以往的戒毒治療中並不普及，也是直到近年，才逐漸被運用在青少年吸毒者的戒毒治療之中。「家庭治療」的基本概念是，在任何人際關係中，一個人的行為不止與其他人聯繫在一起，並且息息相關；如果一個人的行為改變了，他與另一個人的關係就會隨之而改變，接下來對方的行為自然也會受到影響。家庭成員之間的互動是良性抑或惡性，與家庭氛圍息息相關，所以改變家人關係有可能成為有效的戒毒途徑。

「家庭治療」在改善家庭功能的基礎上，產生治療性影

響，糾正家庭成員中共有的心理問題及隨之衍生的行為模式。因為青少年戒毒後會繼續生活在原來的家庭之中，所以「家」必然是他們賴以對抗心癮的重要資源之一，也是對抗社會偏見和外界誘惑的重要地方。年青戒毒者的成功很重要的一部分來自於家庭的支持，而「家庭治療」正好藉着增進戒毒青少年與家人之間的溝通，幫助他們更好地表達自己的情感，進一步連結關係，達至和家人之間互相尊重、包容。

　　無論如何，當你們的孩子不幸成了毒品的傀儡，無須責怪誰，和你們的孩子一起堅強的面對吧！因為這樣的父母，才是你們的孩子最終的依歸。

註1：　　　「牛」、「草」指大麻。而「隊草」即指抽大麻煙。據坊間流傳，
　　　　　　因為「牛食草」，所以濫用大麻者有時會用「牛」作為溝通「術
　　　　　　語」，以增強隱蔽性。

註2：　　　《上流寄生族》（韓語：기생충）是2019年韓國黑色幽默驚悚劇情
　　　　　　片，由奉俊昊執導，宋康昊、李善均、曹如晶、崔宇植、朴素淡及
　　　　　　張慧珍主演，榮獲第72屆康城影展金棕櫚獎、第77屆金球獎最佳
　　　　　　外語片，以及第92屆奧斯卡最佳影片和最佳外語片的韓國電影。

註3：　　　Gobbi, G., Atkin, T., Zytynski, T., Wang, S., Askari, S., Boruff,
　　　　　　J., Ware, M., Marmorstein, N., Cipriani, A., Dendukuri, N., &
　　　　　　Mayo, N. (2019). Association of Cannabis Use in Adolescence
　　　　　　and Risk of Depression, Anxiety, and Suicidality in Young
　　　　　　Adulthood. *JAMA Psychiatry, 76*(4), 426. https://doi.org/10.1001/
　　　　　　jamapsychiatry.2018.4500

註4：　　　Parakh, P., & Basu, D. (2013). Cannabis and psychosis: have
　　　　　　we found the missing links? *Asian Journal of Psychiatry,*
　　　　　　6(4), 281–287. https://doi.org/10.1016/j.ajp.2013.03.012

註5：　　　Di Forti, M., Quattrone, D., Freeman, T. P., Tripoli, G., Gayer-
　　　　　　Anderson, C., Quigley, H., Rodriguez, V., Jongsma, H. E.,
　　　　　　Ferraro, L., La Cascia, C., La Barbera, D., Tarricone, I., Berardi,
　　　　　　D., Szöke, A., Arango, C., Tortelli, A., Velthorst, E., Bernardo,
　　　　　　M., Del-Ben, C. M., ... the EU-GEI WP2 Group (2019). The
　　　　　　contribution of cannabis use to variation in the incidence of
　　　　　　psychotic disorder across Europe (EU-GEI): a multicentre case-
　　　　　　control study. *The Lancet Psychiatry, 6*(5), 427–436.https://doi.
　　　　　　org/10.1016/S2215-0366(19)30048-3

註6：　　　Morin, J. F. G., Afzali, M. H., Bourque, J., Stewart, S. H., Séguin, J. R., O' Leary-Barrett, M., & Conrod, P. J. (2019). A population-based analysis of the relationship between substance use and adolescent cognitive development. *American Journal of Psychiatry, 176*(2), 98-106. https://doi.org/10.1176/appi.ajp.2018.18020202

註7：　　　Volkow, N. D., Baler, R. D., Compton, W. M., & Weiss, S. R. (2014). Adverse health effects of marijuana use. *The New England Journal of Medicine, 370*(23), 2219-2227. https://doi.org/10.1056/NEJMra1402309

註8：　　　〈調查：至少76中學有濫藥。戒毒青年：濫藥學生不會主動求助〉（2009年3月9日）。《蘋果日報》。

註9：　　　保安局禁毒處為收集有關青少年吸食毒品的資料，並針對學生對毒品的認識及對吸食毒品的態度，自1987/88至2020/21年間，進行了十一次以學生為對象的大規模統計調查。而從2008/09年的統計調查開始，調查涵蓋範圍由中學生擴展至包括所有高小（即小學四年級）至專上程度的學生。

註10：　　　Bahji, A., & Mazhar, M. N. (2016). Treatment of Cannabis dependence with synthetic cannabinoids: a systematic review. *The Canadian Journal of Addiction, 7*(4), 8-13.

註11：　　　D'Souza, D. C., Cortes-Briones, J, Creatura, G., Bluez, G., Thurnauer, H., Deaso, E., Bielen, K., Surti, T., Radhakrishnan, R., Gupta, A., Gupta, S., Cahill, J., Sherif, M. A., Makriyannis, A., Morgan, P. T., Ranganathan, M., & Skosnik, P. D. (2019). Efficacy and safety of a fatty acid amide hydrolase inhibitor (PF-04457845) in the treatment of cannabis withdrawal and dependence in men: a double-blind, placebo-controlled, parallel group, phase 2a single-site randomised controlled trial. *The Lancet Psychiatry, 6*(1), 35-45. https://doi.org/10.1016/S2215-0366(18)30427-9

2.3 我跟「K仔」做朋友

「『南區四小花』之中，如今就只剩下我和我的朋友『K仔』了……」二十四歲的嘉嘉輕嘆着說。「莎莎快要結婚了，阿茹已經跟隨男朋友移居加拿大，琳琳又剛剛『再一次』下定決心接受為期一年的住院戒毒服務……哈哈，不過今次都已經是她這五、六年來的第三次了。鍾醫生，你認為我們幾姊妹還有機會聚頭嗎？」嘉嘉語帶無奈，卻又嘻皮笑臉的說着。看來以笑容蓋掩悲傷，已經成為了嘉嘉潛意識中的自我保護機制。

「南區四小花」嘉嘉、莎莎、阿茹和琳琳在這三、四年間，先後接受「濫用精神藥物者輔導中心」(註1)服務的轉介，來到「藥物濫用診所」，為她們長期使用「K仔」（即氯胺酮）而成癮的問題就診。為了保障服務對象和病人的隱私權不受侵害，不論是跟進她們的社工或是作為她們主診醫生的我，都一直為她們「保守秘密」。所以，在就醫的第一年，幾位「小花」都不知道我就是她們的共診醫生。不知是卜數只偶，還是本命相連，一場超強颱風「天鴿」(註2)，令醫院調動了她們各自來覆診的日子，無意間把「小花」們安排到同一天……就這樣，她們終於在候診室相遇了！

「鍾醫生，你知道嗎？我現在還記得當天我們巧遇時各人既尷尬又驚訝的表情，起初大家還忍着笑，企圖裝作看不見對方……哈哈，當然最後還是一起破功大笑起來。不過，看來很快就只有我來『探望』鍾醫生你了……哎喲！不，是來覆診才對。」雖然嘉嘉還是習慣邊說邊裝鬼臉，但從漸變沙啞的聲音裏總能令人感受到幾分不能言喻的孤獨與憂傷。

嘉嘉雖然是「四小花」中年紀最小的一位，卻是「K」癮最深而又最後才願意接受轉介就診的。「我第一次『索K』（又稱『揩K』）時才十四歲。往後的萬劫不復都是因為一開始跟着她們三個而惹的禍！」嘉嘉回憶續説道：「十三、四歲那一年，都不知是什麼原因，父母差不多每天為小事吵架……突然有一晚，他們又為雞毛蒜皮的事大吵起來。『受夠了！整整一年多，我真的受不了這個家！……走吧！』然後我就隨着一直盤旋在腦海內的那吶喊聲奪門而出。」

「離開家門之後，我在附近公園漫無目的地蹓躂。正當我盤算着自己當晚的去向時，當時是『夜青』（註3）的莎莎和阿茹突然走過來搭訕。我雖然是有點錯愕，但又覺得她們很好聊。可能因為我由升中開始家裏便出現問題，加上一直未能適應升中後的新環境，總是跟同齡的同學格格不入，又時常被她們取笑我當時略胖的身形，所以當認識到年紀比我稍大的莎莎和阿茹，頓時感覺很親切。儘管只是初相識，她們卻比家人、同學更願意跟我聊天，令我感到自己是被理解的。我突然覺得，我

們之間的友誼是命中注定的，也不知不覺地把心中的鬱悶一併傾訴出來。之後，我跟隨她們到了另一個朋友的家，她就是琳琳。琳琳是家中獨女，父母大部分時間都在內地做生意，她一直由家傭照顧，偶爾她的姑姐會過來顧一下她。琳琳的家庭環境是我們四個之中最好的，住在豪宅區，但令我最驚訝和最意想不到的『收穫』是，頭一次去琳琳家，我便住上了廿多天。我最初還以為自己的第一次離家出走會換來爸媽的一點關心……出走的頭幾天，我還期盼着他們的一通電話或是一個短訊，哪怕是被他們髒話連篇地破口大罵一頓，至少能引起他們的注意……誰知，爸媽對我的『失蹤』竟置若罔聞！」

無論過了多久，嘉嘉每次提到這件事，仍然是氣不忿，熱淚盈眶的訴說着。「那份打擊、失望，對自我價值、存在感的失落，對親情的質疑……統統失控地一湧而上。在琳琳家的那段日子，我抑鬱得無法吃喝，每天就只想賴在琳琳安排的客房床上。我特別害怕睜開眼睛，因為淚珠會不自覺地滴下。內心深處不斷重複反問自己究竟是否被遺棄了、到底為什麼還要活下去，可是，我連自殘和尋死的氣力也沒有……倒是莎莎、阿茹和琳琳，每天不時輪流坐在我身旁陪伴和安慰；晚餐時間就嚷着嚷着『還活着的話就出來客廳吃點東西吧！』……我都忘了那兩、三個星期是怎麼撐過來的了……只知道比起自己的家，那裏更能讓我找到歸屬感！」

那時候的嘉嘉雖算不上是品學兼優的學生，或是會彩衣娛

親的乖女兒，但缺課、曠課、逃學、離家出走等壞小孩的行為倒是第一次發生。由於爸爸有吸煙及間歇性酗酒的習慣，她自小就討厭煙、酒，也從沒想過自己會有濫藥或染上毒癮的一天。「她們三個應該在認識我之前已經有『索K』的習慣，也說不清誰先帶壞誰，我只知莎莎和阿茹早已是琳琳家中的常客，而琳琳永遠是有『存貨』跟大家分享的一個。我還記得，第一眼瞥見她們各自用鼻孔吸索一行白色粉末時，我甚至連她們在做什麼也不太清楚。看到琳琳在『迷』的樣子和另一旁在傻笑的莎莎和阿茹，的確有些害怕。但不到十分鐘，她們又好像被拉回現實般，盯着正發呆站在一旁的我。也許是出於好奇，又或是想反叛、想放棄自己，反正根本沒有人會關心我……不！最關心我的人，不就是她們三個嗎？而當時我只覺得和她們的關係才是真實的。想到這裏，最初的那一絲害怕和猶豫，突然變成了無比的衝動，決定姑且試一試。於是，我便拔起剛還釘在地板上的雙腳，蹣跚地走到莎莎身旁，用幾分鐘前由觀察她們才學到的技巧，半生不熟地『索』起『K』來。霎時間，我便感覺到那種突如其來的飄飄然。我到現在依然記得第一次『索K』的那種微妙快感，一切好像都變得輕鬆了，我的抑鬱和所有牽掛也瞬間消失……可惜那種感覺，在這幾年間無論我再『索』多少也再找不回來了。現在回想起來，或許救了我的正是那口『K仔』，而害我往後十年萬劫不復的也是同一口『K仔』……」

「從前一包『K仔』才$20（註4），所以非常流行，尤其對於中學生來說，只是一頓午飯的價錢便可以買到，哪會像這兩

年間升值幾十倍，一包要$600至$800！由於當時負擔得起，又有神奇功效，所以我便順理成章把它當成『良藥』，久而久之，但凡遇到壓力或不如意的事，我便會去琳琳家，通常莎莎和阿茹都已經在場。那段時間，我們四個每天都習慣走在一起『索K』、聊天、打電玩，我甚至認為『K仔』比現實中的親人朋友來得更親近可靠，不是嗎？至少不會出賣、離棄我，只要有錢，就隨傳隨到……可是，日復日的，不知不覺在那一年間，一頭栽進這個新癖好的我，才猛然發現自己已經去到不能自拔的地步，一天竟然可以『索』上好幾包，甚至比她們的『K』癮更深！之後幾年，就如政府禁毒廣告的宣傳一樣，我們都相繼出現如廁的問題……先是莎莎出現頻尿感和小便出血，繼而是阿茹、琳琳，最後輪到我。」嘉嘉邊說邊輕輕的拍着左腰的疤痕位置。這道疤痕提醒了嘉嘉：由於她經年累月的吸食「K仔」，導致排尿功能受損而引發多次腎炎，所以這兩、三年間，她一不就只躲在家，一不就要換上成人尿片才能外出，以防在路上出現小便失禁的尷尬情況。兩年前，泌尿科醫生更需要為她放入導管，以維持左邊輸尿管暢通，以防止再次受到腎炎影響。

「好像自從大家的身體都出現問題之後，就很少再在琳琳家見到莎莎和阿茹；而琳琳也不再經常有『存貨』提供了。彷彿她們都已相繼離開了這個圈子，只剩下我仍舊沒『K』不行。回想以往一起『索K』聊天的日子已經一去不返……有時真的比寂寞更寂寞！後來才知道，原來是鍾醫生你在拯救她們！」但事實上，還沒被轉介到「藥物濫用診所」就診之前，嘉嘉不

是沒下過決心跟她口中這個所謂可靠的朋友「K仔」「絕交」，只是每次都失敗……曾經在腎炎病發時、在找到男朋友時、在找到新工作時，或是在琳琳住進戒毒治療服務院舍時……嘉嘉都嘗試停止「索K」。只是不到三個月，不是因為失戀、失業，就是因為工作壓力，或是被在戒毒服務中「半途而廢」的琳琳再度邀約……而更多時是嘉嘉要藉着「K仔」來逃避突如其來的抑鬱症狀，使她不得不與「K仔」繼續「做朋友」。

每次覆診，嘉嘉偶然也會不經意談及另外那三位：「姊妹一場，我沒有恨過她們令我染上『K』癮。畢竟，如果沒有她們，可能我不止單純『索K』；沒有琳琳的把關，可能我已經因為『OD』(註5)而昏迷不醒；沒有她們，我甚至可能已經自殺死掉……」嘉嘉無奈地說着，「只怪自己完全沒為意，原來自十四歲那年開始一直斷斷續續地跟抑鬱症搏鬥……雖然這一年來多得你的療程，治癒了我的抑鬱症，可是，『K仔』的心癮，還是不時會蠢蠢欲動……」嘉嘉還沒等我開口就搶着接下去說：「……知道了、知道了，鍾醫生，你是否又想教我：當偶爾想起『K仔』時，就當它是已移民到非洲的好朋友，會偶爾想起、想見、想接觸。這些時候就要提醒自己那只是心癮來襲，然後去找正常娛樂和重溫之前跟你一起制定的《當心癮來襲時，我要……》筆記，盡量跟着筆記內所寫的去做，希望可以由新的思想引發對自己更有益處的行為模式，對吧？真不知道你教授的這些招數還可以撐多久……哈哈！」雖然嘉嘉看似對我的循循善誘很不耐煩，但值得令我感到安慰的是，她並沒

有把這些所謂「招數」亂放一旁，相反還能字字鏗鏘地朗背出來，足以證明她有把我的話放上心，並願意繼續朝正面的方向走過去。至於那些「招數」，其實不知不覺已經令嘉嘉完全停止「索K」九個月了。

「K仔」（氯胺酮）

　　「K仔」一詞取自其英文名稱Ketamine（即「氯胺酮」，其正式化學名稱為「2-氯苯基-2-甲氨基環己酮」」），在濫藥者之間又稱「香水」、「茄」、「K」、「K他命」、「K粉」、「褲子」等。「氯胺酮」於1962年由美國Parke-Davis藥廠（現為美國輝瑞科研製藥的子公司）為取代「苯環利定」（即Phencyclidine，簡稱 PCP，俗稱 angel dust，中譯「天使塵」）而研製成的衍生物。「氯胺酮」和「苯環利定」皆為上世紀六十年代起常用的麻醉藥，但由於「氯胺酮」藥效快速兼且藥後的副作用較「苯環利定」輕微，故後者旋即被淘汰。

　　在醫學上，用作麻醉藥的「氯胺酮」是一種無色透明藥水，透過靜脈或肌肉注射後，到達中樞神經系統，並主要通過抑制大腦中的「N-甲基-D-天門冬胺酸受體」（N-methyl-D-aspartate receptor，簡稱 NMDA受體），達到鎮痛作用。除此之外，「氯胺酮」也可以同時影響「多巴胺」（dopamine）、「血清素」（serotonin）及「類鴉片」（opioid）等大腦神經遞質的受體，因此，它又屬於「解離性麻醉藥」的一種。接受過「氯胺酮」麻

醉的病人，手術後可能會出現幻覺、神志不清及「解離性狀態」
（dissociation，即病人感覺自己跟現實世界產生一種虛無的脫
離感）等副作用。但有趣的是，這些副作用通常出現於十六歲
以上人士，而極少發生於兒童身上 (註6)，所以時至今日「氯胺
酮」依然被廣泛應用於兒科手術之中。而自2019年開始，「氯
胺酮」的其中一種對映異構物「艾氯胺酮」（esketamine）更被
製成噴鼻劑，並相繼在北美洲地區、英國，以及在2021年初於
香港正式被註冊成為治療抗藥型抑鬱症（treatment-resistant
depression）的其中一種新型抗抑鬱藥物。

雖然醫學用途的「氯胺酮」均為液體狀，但一般被濫用的
「K仔」，則是幼細的白色粉狀物。而濫用「K仔」的人一般會
把粉末灑在手背、外賣膠匙，甚至紙鈔上，然後直接由鼻孔吸
入，俗稱「索K」。「索K」後除了會出現如麻醉藥後副作用的
「解離性狀態」外，濫用者也會形容自己「迷」得像有種飄飄
然、近似靈魂出竅的感覺，甚至有些會產生「看到另一個自己
出現」的「分離」幻覺。所以，毒界亦一向視「K仔」為比「天
使塵」強效但較安全的迷幻劑類毒品。

「索K」才夠「潮」？

據香港保安局禁毒處資料顯示，「K仔」自2006年至
2016年連續十年間，為全港最被廣泛濫用的「危害精神毒
品」，亦被十至三十歲濫藥青年視為最「潮」的派對毒品，也

是他們當中最常被濫用的毒品之冠（註7至8）。除了香港，濫用「Ｋ仔」這個問題在中國內地、台灣和東南亞地區也很普遍。事實上，「Ｋ仔」之所以特別流行於青年族群，除了如個案主人翁嘉嘉一樣，受朋輩影響及與家人關係疏離等傳統因素外，「平、快、靚、正」也是主因。

「**平**」：正如嘉嘉提及，只需一頓「學生餐」、午餐「便當」的價錢便足夠買「Ｋ仔」跟朋友「聚會」和一同「開餐」（即一起吸毒）。

「**快**」：由於「Ｋ仔」的合成物狀態溶度極高，所以直接「索」就可透過鼻膜附近的微絲血管吸收並產生效果，而不需任何輔助工具，故整個過程不出數秒。而且就算要為「開餐」先「碾Ｋ」（又稱「刮Ｋ」）──即利用卡片將「Ｋ仔」粉末碾成幼細狀，再將其排成一條條直線以方便逐次吸索，只需數分鐘便已經成事。所以無論是校園、屋邨商場、公園、公廁等都可以迅速成為「索Ｋ」、「聚會」、「開餐」地點！

「**靚**」：因為「Ｋ仔」本身只為純化學合成物，成本便宜，所以一般較少被添加雜質，故醇度高，俗稱「靚貨」。

「**正**」：由於鼻膜附近佈滿大量微絲血管，「索Ｋ」後被吸入的「Ｋ仔」會經由微絲血管直接吸收，並迅速運行滲入大腦中樞神經系統，達至迷幻效果，也是最「正」的派對毒品。

這四大「優點」使「K仔」的誘惑無處不在，令一眾青少年難逃「K」掌，不止「可一可再」，更是一而再、再而三的跌落「K仔」的陷阱。

「K仔」只是「藥」啦，怎麼會有害？

自2017年起濫用「K仔」的人數就開始下降，這是因為濫用「K仔」一段時間後會出現不同的身心問題，令濫用者意識到「K仔」是非一般的「毒」！

臨床經驗中，有不少濫用「K仔」的人，「索K」後會出現一種恐怖經歷，稱為「K-hole」。在「K-hole」的狀態下，他們不但會表情呆滯，動作變得緩慢甚至不協調，而且在「解離性狀態」影響下，會覺得自己動彈不能，甚至有口難言，就如金庸武俠小說中被「點穴」者一樣。而且，即使等「K仔」的效力消散，漸漸拉回「現實」，但往後幾小時到幾天，行動機能依然會出現短暫的困難，活動變得緩慢，口齒會持續不清。同時，不少研究指出，持續「索K」，會對大腦造成損傷，導致認知障礙和記憶力減退，亦會引致情緒不穩、焦慮、抑鬱、思覺失調，以至精神分裂等情況。更特別的是，筆者在一項針對「索K」人士的基因與罹患思覺失調（SToP-K）的初步研究發現，不管參與研究者「索K」有多久、有多頻密，只要他們的基因SLC6A3中帶有rs393795基因型，而又曾經「索」過「K仔」，他們就會更易患上思覺失調。而在這群參與研究者當中，尤以帶有rs393795 CA同位基因的人具更大可能患上

思覺失調（比值比為3.92），以及有可能患上更長期、更嚴重的精神分裂症（比值比為9.14）！（註9）也就是說，即使「索」一次「K仔」，也足以引致嚴重精神疾病，真正是「既不可一，也不可再」！

另外，除了影響腦神經系統、引發各種精神病患外，眾所周知的是「索K」亦會引致一連串身體毛病。首先，「K仔」對身體不同器官都能引發不少即時副作用，例如刺激血壓上升、心跳加速、眼內壓增加，萬一吸食者有心臟病、心律不整、青光眼等隱疾，輕則即時休克、短暫失明，重則當場送命。亦有人即使「索K」毒齡不長，分量不多，鼻黏膜及其附近組織也會被「K仔」損壞，導致流鼻水、流鼻血、嗅覺變差，甚至可能引致鼻腔發炎或鼻中隔穿洞等惡果。

過去十年，醫學界亦相繼證實持續「索K」可引致下尿道功能失調，病徵包括：不明的腹痛、尿頻、失禁、小便赤痛、血尿等，令濫用者須穿尿片度日。而長期「索K」更可引致泌尿系統嚴重受損，造成上尿道炎、膀胱炎、腎炎及腎衰竭，甚至要「洗腎」求活。個案中的嘉嘉就是其中一個典型長期「索K」的病例：由於長時間濫用「K仔」，不但貯尿功能只及正常人十分之一，因而要與成人尿片「共同進退」，而且她還經常出現尿道炎、膀光炎，最後炎症更蔓延至輸尿管引發多次腎炎。所以以年紀輕輕的她便已經多次接受手術，插入導管以保持輸尿管暢通，以免再出現阻塞，導致腎臟積水、腎水腫及腎功能受損或腎衰竭。過往亦有長期「索K」的病人出現膽道系統異常及肝硬化等個別病例報

告。然而,與「K仔」相關的膽道系統和肝臟損害臨床表現、風險因素和致病過程,到現時尚欠缺充分和詳細的臨床數據。

「K仔」沒「身癮」,所以就不會上癮?

雖然到目前為止,醫學界對於「K仔」能否引起「身癮」,即因停止「索K」後身體出現的戒斷反應(withdrawal)及其症狀,依然沒有確切的定論,但正因這種特質,誤使很多初次接觸毒品的人,以為「K仔」只是消遣性派對毒品而不易上癮。但事實正好相反,如前文提及,由於「K仔」能影響大腦中樞神經系統內多種神經遞質的受體,所以它能引發的「心癮」以至「耐受性」(tolerance),相比其他的「派對或消遣性毒品」(recreational drug) 如「大麻」,實有過之而無不及!就像個案中的嘉嘉,由最初為了「埋堆」(註10)與朋友一起「索K」,漸漸變成自己愈索愈多,「心癮」愈來愈強,「K癮」愈演愈烈,然後生活上完全離不開「K仔」,到達了即使自己一個人躲在家裏也需要不停地吸服,甚至完全喪失正常社交或其他興趣,更嚴重影響日常生活、學業以及工作表現。

因此,「K仔」確實是「不可一,不可再」!

「K仔」成癮後真的無藥可救?

到目前為止,醫學界還未能整理出一套專為「氯胺酮」成

癮的治療方案。它的成癮也不像「白粉」般已經有多種認可的替代性和脫癮藥物，更不如「大麻」成癮般能得到各大製藥商的青睞為其研發脫癮新藥。所以，「K仔」成癮後，的確是無藥可救。

萬幸的是，即使「K仔」成癮後，也不至於無可救藥！

對「K仔」成癮的濫用者來說，其中一條出路，可能就有賴在應付各類毒癮都略有成效的「認知行為治療」（cognitive behavioural therapy，簡稱CBT）了。正如個案中嘉嘉提及的「由新的思想引發更有益處的行為模式」就是「認知行為治療」的精髓所在。進行治療時，濫藥者會透過討論，讓治療師和自己一同檢視過去一些令其困擾的思考模式和情緒，以及它們如何導致目前的濫藥行為，最後透過「家課」的應用，協助他們找出新方向和方法，或更符合事實的思想，去取代舊有的思考模式，從而改變無益或損害身心的思想，藉此克服「心癮」，達至改善濫藥行為這個目標。所謂「家課」其實是把濫藥者在療程中與治療師討論後得出的重點寫下的筆記，他們會把筆記帶回實際生活中去實踐，再把遇上的困難帶回治療中和治療師討論，就像學生寫「家課」一樣。不同之處是「認知行為治療」的「家課」內容，以及當中涉及的新的思考模式、行為和技巧，即使題目如上述嘉嘉提及的《當心癮來襲時，我要……》那樣「大眾化」，其內容實際上都是非常的個人化，可說是專為參與治療的濫藥者度身訂做又獨一無二的「秘笈」。

註1 : 「濫用精神藥物者輔導中心」為非政府、非牟利的社會服務機構，為濫藥者提供以戒毒為本的輔導服務。根據香港保安局禁毒處網站資料顯示，截至2022年6月，全港有七間機構在不同區域提供此服務。詳見https://www.nd.gov.hk/tc/5.html

註2 : 超強颱風「天鴿」（國際編號1713）於2017年8月20至24日期間吹襲香港。根據香港天文台資料顯示，「天鴿」吹襲香港期間帶來廣泛大雨，最終導致最少一百二十九人受傷，超過五千三百宗塌樹報告、多宗高空墜物意外、一宗山泥傾瀉報告、多處水浸報告及多處棚架倒塌，財產損失不計其數。海陸空交通當時也大受影響，有超過四百航班延誤或取消。而「天鴿」吹襲澳門期間更造成十人死亡，當中七人更是被風暴潮湧入店舖或地庫停車場溺斃。

註3 : 「夜青」是指夜遊青年。根據香港社會福利處的資料，夜青的年齡介乎六至二十四歲之間，通常在晚上十時過後至早上流連或活躍於街角、公園或球場等地方。他們大多處於失學或失業的境況，活動通常包括閒逛、飲酒、聊天和跳舞等，同時也帶來社會性的問題，例如對附近居民作出滋擾或販毒吸毒等。

註4 : 根據香港大學專業進修學院和香港戒毒會於2009年12月30日聯合出版的刊物《禁藥最前線（第三期）——校園禁毒健康大使計劃通訊》資料顯示，於2009年間，「K仔」一包市值約為港幣$20至$25。

註5 : 「OD」是英文overdose的縮寫，指服用或濫用過量藥物或毒品。

註6 : Frohlich, J., & Van Horn, J. D. (2014). Reviewing the ketamine model for schizophrenia. *Journal of Psychopharmacology, 28*(4), 287–302. https://doi.org/10.1177/0269881113512909

註7 : 香港特別行政區政府保安局禁毒處「藥物濫用資料中央檔案室」統計數字：https://www.nd.gov.hk/tc/crda_publications_and_statistics.html

註8：　　　香港科技大學Prof. Stuart Gietel-Basten團隊撰寫的「香港吸毒人口的多層分析2020」研究報告：https://www.nd.gov.hk/pdf/BDF%20170062%20Full%20Report_en.pdf

註9：　　　SToP-K 為 "Substance misuse To Psychosis for Ketamine (SToP-K) —Who is At Risk? A Case-Control Study in Ketamine and Non-Ketamine-Using Substance Abusers" 研究的簡稱，有關詳情可瀏覽網頁 https://stophku.wixsite.com/website。其研究結果，可參閱刊登於2021年4月版 *Schizophrenia Research* 題為 "Ketamine abusers with SLC6A3 rs393795 genotype showed a preliminary association with psychosis and schizophrenia: A pilot case-control study" 的文章：https://www.sciencedirect.com/science/article/abs/pii/S0920996421000840?via%3Dihub

註10：　　香港俗語，即進入朋友圈並維繫關係的意思。

2.4 Chem=Fun?

「如果沒有『stuff』(註1)，我也不確定，我還會被需要、被愛嗎？」這是今天來到「藥物濫用診所」就診的阿敬，為這兩年「Chemfun」的經歷所下的總結。

那天是阿敬的三十歲生日，亦是他過去五年來第一個自己度過的生日。打開了多年沒啟動過的同志交友App，除了各「色」各「樣」的大頭照和身材照外，不少人的自我介紹還多了一些有趣的emoji表情符號，例如「雪糕」、「雪花」、「冰塊」、「卡通豬頭」……或許是寂寞，又或許是那份「被分手」的不甘心，阿敬挑好了二十五歲至三十歲的年齡過濾功能後，把所有合眼緣的都「Hi」了一次。奇怪的事揭開序幕，特別是那些帶着表情符號的，都秒回了相似的回覆：「嗨？」、「Hi？」、「Hi Fun？」。有些比較特別，只回了幾個簡單的英文字母：「bbcf？」、「cf？」。就在那個充滿新奇事的晚上，阿敬遇上了比他小三歲的阿誌，也同時上了「Chemfun」的第一課。

「我之前有聽說過那些玩『Chemfun』的，就算『噗』完了『冰』、飲完『G水』，跟正常人也沒什麼區別，甚至第二天可以如常上班、運動。那即便是『Chem』，也應該沒有像傳說

中的那麼嚇人吧。所以，當阿誌提出要和我『Chemfun』，我也沒怎樣猶豫就答應了。我還記得，那第一口從壺中釋放出來到我嘴裏的煙，那一份突然又莫名的高亢感，衝擊着那一刻阿誌同時給我的性興奮感，是我從前沒有感受過的。」於是一直覺得自己永遠不會和毒品拉扯上任何關係的阿敬，那天卻像失了控的在玩「Chem」，尤其是「冰」……就是不停的在「追」。

「我得承認，有『stuff』的性愛真的超爽，但感覺亦很短暫。那份瞬間的高潮感維持了大概不到數分鐘，然後我又被拉回到那寂寞又失落的現實中。之後不到一小時，我就清醒得跟之前沒『噗』過『冰』的時候一樣，而身體除了感覺有點心跳和口乾外，也沒其他異樣。於是，我便開始相信就算再多『噗』一點點，應該沒什麼大不了吧！結果，那次和阿誌竟然『做』了十幾個小時，連我也數不清自己那天究竟『追』過多少『冰』了！之後的數個月內，不管阿誌提出和他單獨一人，或是和他臨時找來的幾個陌生人一起『Chemfun』，我也像入了魔的一一答應，而且每次最短的也可玩上十幾個小時！」阿敬靦腆的回憶着。

由於之後和阿誌失聯，令阿敬更感寂寞和困惑。雖然曾經堅定地表示自己是不會「keep stuff」的阿敬，對「Chem」愈發不能自拔，也開始從一個「被邀參加者」的角色，慢慢地步向「邀請者」（又稱host）的身份。「沒有了阿誌的日子，我失落得像是缺少了什麼的……我期待着、渴望着那份被需

要、被愛的感覺。於是，我用盡方法去找、花盡時間和金錢去買『stuff』：『Ice』（即「冰毒」）、『G水』、『Foxy』、『E仔』，然後在酒店作東請客，務求能吸引那些志同道合的來一起玩。回想起來，最初的一年是最棒的，因為每次『噗冰』後的那一剎總能有種莫名興奮的、飄飄然的歡愉，性慾也特別高漲，腦海充斥着那份想被佔有的感覺。每次『Chemfun』甚至可以維持不眠不休兩、三天！」

但那種亢奮感，隨着阿敬「Chemfun」的頻繁度增加，反而變得愈來愈微弱。「最初我會不停地投訴說那些『Ice』的質量不夠好，才害我『噗』得愈來愈多。為了追求最早期的那種快感，我除了會花上更多時間和金錢去尋找不同的貨源外，我甚至試過用塞肛、slam（即靜脈注射）等方法務求加速和加強快感的力度！而且每次和我一起『Chemfun』的性伴也愈來愈多，更甚的是，自第一次『Chemfun』起這兩年間，一向主張『安全』性行為的我，連這種堅持也消失得無影無蹤。」亦因如此，阿敬試過因服用過量「冰毒」而「跳掣」(註2)、過量「G水」而昏迷；上班遲到、騙病假、被解僱，這兩年變成常事。因為那些「非安全」性行為，阿敬得過「梅毒」和「淋病」。

「我也希望終有一天，有人可以帶我離開那種生活。但是，我真的還有機會得到『Chem』以外的愛嗎？」在那雙給瘦削兼灰白的面頰映襯得出奇亮大的眼睛裏，看到的卻是已經迷失良久又只有三十二歲的阿敬。

什麼是Chemfun？

「Chemfun」（又稱「High Fun」）是指性事過程當中使用一種或多種藥物及毒品，以提高性需要、性能力、性歡愉和高潮感。不論同志社群和異性戀者，「Chemfun」都不是罕見的事。「Chemfun」其實是比較香港化的術語，在外國大多使用「chemsex」一詞。由於「毒品」（drug）一詞很敏感，所以大家都想迴避，故用「chem」或者「stuff」來代替；「Chem」是指「chemicals」，即非經醫生處方的藥物或毒品。「Chemfun」個案有基層、中產、專業人士，亦有學生，當中有很多並非社會眼光中的「典型吸毒者」，反之不少「Chemfun」玩家都有所謂良好的職業，日常社交圈子完全沒有問題，並非空虛、寂寞、「宅」才會接觸到「Chemfun」。

在同志社群中，其實「性」可説是追求「Chemfun」的一個原因，也可以是一個藉口，亦可能只是當中的一個單元。例如，有男同志希望利用「Chemfun」來擴大自己的所謂「市場價值」，從而認識更多性伴侶；有的只是希望找到一起用藥的伴兒等。像阿敬的個案，因為情傷才開始接觸「Chem」，縱然他知道利用「Chemfun」所得到過的、所維持過的，都不是持久的親密關係。即使只是曇花一現，但當下一剎那被愛、被需要的感覺，卻是部分同志渴望已久的事情。

劉凱亮博士在他的論文中指出，由於社會大眾對同性戀者

的標籤,漸漸把他們邊緣化,令他們承受着一定程度的壓力和孤單感,他們渴望親密關係,希望情感及性的需要得到滿足,更渴望被認同（註3）。有些因主流審美標準較難找到性伴侶的同志,甚至會因為在社交網頁分享「Chemfun」過程而獲得大量轉發和回應,令他們可以重新建立認同感和自豪感,可以短暫克服日常所面對的疏離和孤單。由此可見,「Chemfun」為用藥者帶來的,除了生理上的性快感外,更重要的是用藥或吸毒後能令他們重拾自信,在「Chemfun」的小圈子裏被需要、被認同,毫無顧慮地與別人暢所欲言與聯繫。這些於現實生活中難以得到的、像童話世界般的大同,彌補着在現實社會中未能滿足的心理需要,使得他們持續參與和更難脫離「Chemfun」。

在2020年初刊登的一份香港本地研究報告中也指出,男男性接觸受訪者當中,約兩成人曾於過去六個月內的性愛前或過程中使用「Chem」。使用藥物者當中,則有70%使用「芳香劑」（俗稱Poppers或「Rush」）、40%使用治療勃起功能障礙藥物（俗稱「V」或者「偉哥」）、39%使用「甲基安非他命」（即「冰毒」,俗稱「Ice」或「I」）及35%使用「伽瑪羥基丁酸」（俗稱「G水」或「迷姦水」）。而88%的使用者更會用多過一種以上的藥物和毒品（註4）。而「冰毒」成為「Chemfun」中主要被濫用的毒品可追溯至2000年末,當年警方大力打擊「搖頭丸」（Ecstasy,又稱「E仔」）和「氯胺酮」（即「K仔」）,在市場供求改變下,漸漸興起採用「冰

毒」和「迷姦水」。另外，自手機交友應用程式的流行，令相約「Chemfun」更方便、更盛行。有人會在交友程式上的個人檔案上開宗明義地畫上「雪花」、「雪糕」等圖案以作暗號；相反地，亦有人會開宗明義表明自己不參與「Chemfun」。這些都印證了「冰毒」在同志界「Chemfun」中愈來愈風行的足跡。

「Chemfun」最具爭議的地方，就是毒品會令吸食者的心理防線和底線降低，更願意去冒險、去嘗試平時不敢嘗試的事物，所說的不僅是當中涉及使用多過一種毒品，有的更會首嘗以其他方式用毒。像個案中的阿敬，不單用「噗」的方法去吸食「冰毒」，甚至連塞肛、靜脈注射等危險的方法也甘願冒險去試。再加上「冰毒」會影響大腦多種神經遞質，放大身體的觸覺，令吸食者的觸覺變得異常敏感，故在戴上安全套後的異物感也變得特別明顯，減低其在性愛中的興奮感覺。所以，有不少濫用「冰毒」者會直接不用安全套做愛，變成無「障礙」性行為，大大增加患上性病和感染愛滋病病毒的風險。亦有一些個案，因為同時吸食過量的鎮抑制類（depressant）毒品如「G水」，在不省人事的情況下與他人發生「非安全」性行為，因而間接增加染上性病及受愛滋病病毒感染的可能（註5）。

無獨有偶，根據香港衛生署資料，2020全年就有二百三十宗因同性性接觸的愛滋病病毒新感染個案，佔總新增個案的46%，較異性性接觸者多出80%（註6至8）。有見及此，

近年一些以同性戀者為主要服務對象的愛滋病防治機構、衛生署衛生防護中心公共衛生服務處轄下的特別預防計劃愛滋病服務組，以及大學機構如香港大學精神醫學系的「精神物質濫用至精神疾病預治計畫」（SToP Program）（註9）也開始與禁毒機構合作，可見相關部門與學術界都十分重視「Chemfun」，特別是研究「冰毒」的使用，與愛滋病病毒感染和精神健康的關係。

「冰毒」可以「溶」掉你！

「冰毒」是新興毒品的一種，正式學名為「甲基安非他命」（methamphetamine），與「可卡因」（cocaine）和「安非他命」（amphetamine）同屬興奮劑類（stimulants）毒品。根據香港保安局禁毒處統計資料顯示，「冰毒」是近年在所有被呈報吸食毒品人士中第二種最常被濫用的毒品，僅次於「毒王」海洛英。而在二十一歲到三十歲的年齡組別中，「冰毒」更已經取代海洛英成為新「毒王」（註10）。「冰毒」是一種無味或有微苦的、純人工化學合成的透明或半透明結晶體。作為興奮劑類毒品，「冰毒」能直接刺激大腦中樞神經系統，所以能同時構成生理及心理上的依賴。

「噗冰」是什麼意思？

在香港最常見吸食「冰毒」的方式就是利用俗稱「冰壺」

的器皿，把「冰毒」放入「冰壺」的一端，將其點燃，然後吸入其加熱後蒸發而成的煙霧。由於「冰煙」帶有像燒塑膠般的苦澀味，因此吸食者會先在壺底放入有味道的液體（例如薄荷水）或飲料（例如果汁、可樂等），使「冰煙」先通過壺底的液體，令其更易「入口」。故此，在吸食「冰毒」的過程中，會發出「噗噗」聲，所以吸食「冰毒」又稱為「噗冰」。「冰壺」其實不難製作，款式也非常多，比較講究的有像玻璃「工藝品」，價格由數十到數百港幣不等，但大部分的「噗冰」者會以飲管配以各種味道的塑膠飲品包裝自製「冰壺」，既省時，又省錢！而在之前提及過的「Chemfun」，在本港也有不少個案會直接液化「冰毒」結晶粒，然後直接注射入血管或透過肛門注入直腸以直接吸收。

「噗冰」也會「噗」上癮？

　　「冰毒」是繼海洛英後掀起的另一股強勁旋風，成為新一代的「毒王」。既然被稱得上「毒王」，又怎可能不令人上癮呢？「冰毒」主要影響兩種神經遞質（neurotransmitter）——「多巴胺」（dopamine）和「去甲腎上腺素」（noradrenaline）。前者負責為腦內的「犒賞迴路」（reward pathway）系統作跑腿，並與喜悅、慾望、記憶之間有關聯性；後者則肩負上專注和記憶的訊息傳遞功能，所以這兩種神經遞質皆與上癮、成癮息息相關（註11）。「冰毒」既能促進「多巴胺」和「去甲腎上腺素」自神經末梢釋放，又能抑制神

經末梢對此兩種遞質的再攝取，導致腦神經細胞間的突觸間隙（synaptic cleft）內兩者的含量瞬間急增。再加上「冰毒」能抑制腦細胞內「單胺氧化酶」（monoamine oxidase）的活躍性，使「多巴胺」分解破壞減少，進一步導致它在神經末梢內的貯存量及自神經末梢的釋出量增加。這種種都令吸食者更易出現短暫但劇烈而又莫名的興奮狀態，也使他們變得異常專注集中眼前事物，並欠缺倦意和食慾，促使他們能長時間沉迷於「噗冰」之中，難以自制。

有別於海洛英，「冰毒」主要影響的是大腦中樞的「犒賞廻路」系統，所以有些人即使「噗冰」一段頗長時間後，除了因食慾下降導致體重變輕外，都察覺不出身體上的異常，誤解偶爾吸食「冰毒」不會帶來多大的傷害。又由於吸食「冰毒」初期對身體表徵的影響較小，甚至有減肥的「好處」，故此往往令「噗冰」者放下戒心和防備，進而導致心理上更加容易接受「冰毒」。於是乎即使只是一次與「冰毒」的邂逅，都足以形成強烈的渴求（craving），表現出對「冰毒」的強烈渴望和濫用的衝動，繼而形成可怕的「心癮」（psychological dependence）。「冰毒」的「心癮」，不單會使人時刻都想吸食「冰毒」，也可使人在不知不覺間增加吸食「冰毒」的分量。當吸食「冰毒」的分量進一步提高時，除了快感、歡愉感外，濫用者更會出現「冰毒急性中毒」的狀態，出現近似思覺失調的病狀，如思緒混亂、幻覺、多疑、妄想等，導致激動不安和暴力行為。而一旦「心癮」形成就更容易引起「耐受性」（tolerance），愈「噗」愈狠，

像個案中的阿敬一樣，墮入「成癮」的漩渦中。

「冰毒」另一個可怕的地方，就是當停止吸食，或因「耐受性」的影響至吸食分量不足時，會霎時顯現「戒斷」反應（withdrawal），一般被稱為「溶雪」。「溶雪」時患者會表現出莫名的煩躁，或是變得情緒不悅、頹喪不振、集中力下降、精神動作遲緩，甚至出現類似抑鬱症、焦慮症等症狀。有時「噗冰」者為了重拾吸毒時的那種快感，或是為了逃避這些「溶雪」反應，更會不擇手段，四出索求「冰毒」；有些個案更是「啞子吃黃連」，每天需要藉着吸食更多「冰毒」才能繼續「如常」生活。

在「藥物濫用診所」內，有時會遇上一些「毒齡」不淺卻又忽然染上「冰癮」的濫藥者。細聽他們的故事時才發現，坊間原來有不少人訛稱「冰毒」不但較難上癮，更傳言「冰毒」可以作為「緩害」——即用「冰毒」來代替其他毒品，抑制脫癮現象或「戒斷」反應，以幫助戒毒等，這些說法既沒有根據，更加是嚴重的謬誤！事實是持續濫用「冰毒」一段時間後，根本跟吸食其他毒品無異，一樣成癮！而且在已經有其他毒癮下再加上「冰毒」，只會引申出更多精神病患和身體健康問題，令情況變得更糟！

「冰毒」害人，影響「心」、「身」？

　　根據診所內的臨床經驗，着實有不少個案因為濫用「冰毒」而患上嚴重精神疾病，特別是思覺失調或精神分裂症。有研究指出每兩個「冰毒」成癮的人就會有一個會出現幻覺、被害妄想、行為失常等與思覺失調類似的症狀。其中有三成人的症狀，就算在停止濫用「冰毒」一個月後也不會消失；更有三成「冰毒」成癮者之後被診斷患上更嚴重的精神分裂症。對於這類型患上思覺失調或精神分裂症的「冰毒」病者來說，即使用上現時專治又有效的抗思覺失調藥物（antipsychotics），他們的康復率及病發率也較一般非濫用「冰毒」的思覺失調患者為差。有時即使已經同時用上幾種抗思覺失調的藥物，他們的徵狀依然「陰魂不散」，需要經常進出精神病院接受治療。（註12至15）

　　除了影響腦部神經，增加患上嚴重精神疾病的風險外，「冰毒」對於個人外表和其他身體機能的影響更不容忽視。「噗冰」容易令人的口腔衛生變差，所以牙齦疾病（meth mouth）、蛀牙常有發生；有些「冰毒」濫用者為避免牙齦問題，會經鼻腔吸入，造成鼻炎甚至鼻中膈穿破。部分人臉上和身體其他部分的皮膚更會長出俗稱「冰瘡」的皮疹，嚴重影響外觀和社交生活。而且，「冰毒」除能增加大腦中樞系統內的「去甲腎上腺素」令腦部受影響外，被提升的「去甲腎上腺素」也會同時令「外周神經系統」（peripheral nervous system）受到牽連。「外周神經系統」是人體用以平衡維生器官功能，包括心臟、血液循環、呼吸和腸胃系統的主要命脈。當「去甲腎上腺素」在「冰毒」的干擾下驟然猛升，「外周神經系統」就會因受其過度激活而令各維生器官產生異常的超負荷，情況如同一個癡肥人士在不睡不休、沒經訓練又毫無準備的狀態下，出戰「三項鐵人耐力比賽」一樣，輕則引起高眼壓、高血壓、引發心律不整、橫紋肌溶解症（rhabdomyolysis）、肝臟及腎臟受損，重則更會出現失明、心肌梗塞、中風、癲癇、昏迷，甚至猝死。

所以，「冰毒」不單影響「心」、「身」，更可以完全「溶」掉你！

「毒」向淺中醫，「冰毒」成癮如何處理？

現時並沒有認可藥物用於治療「冰毒」成癮 (註16)，所以處理「冰毒」及其他興奮劑類毒品成癮問題的主流方案，依然以心理治療為主。

自2000年開始，隨着「冰毒」的流行，世界各地有不同的研究嘗試利用可影響大腦「多巴胺」分泌、濃度或其受體（receptor）活躍度的藥物來治療因吸食「冰毒」或其姊妹毒品「可卡因」（cocaine）而引發的成癮問題。這些藥物包括專治「注意力不足／過動症」的興奮劑類藥物

「利他林」、主治思覺失調的第二代抗思覺失調藥物如「阿立哌唑」（Aripiprazole，又名「安立復」）和「利培酮」（Risperidone，又名「維思通」），以及抗抑鬱藥物如「安非他酮」（Bupropion，又名「威克儉」）。（註17至19）不過，直到目前為止，還沒有足夠數據證明上述藥物能幫助脫癮或緩害。而在香港，自2019年起香港大學精神醫學系的SToP Program在香港禁毒處的「禁毒基金」贊助下，推行「精神物質濫用至思覺失調——興奮劑——早期藥物干預治療研究」（簡稱 SToP-S），通過利用「阿立哌唑」和「帕利哌酮」（Paliperidone，又名「思維佳」）與對照組比較，以確立前兩款藥物對治療興奮劑濫用或成癮的功效（註19）。

至於心理治療方面，如〈2.3我跟「K仔」做朋友〉中曾提及，以「認知行為治療」效果最佳，不單可以減少「冰毒」濫用者濫用的頻率，同時也能提升他們成功脫癮和防止覆吸的比率。（註20）

註1： 「stuff」泛指當中會使用的毒品和藥物。

註2： 指因吸食過量冰毒而出現的急性中毒症狀。

註3： Lau, H.（劉凱亮）(2014). Experiencing risky pleasure: the exploration of 'Chem-fun' in the Hong Kong gay community. (Thesis). University of Hong Kong, Pokfulam, Hong Kong SAR. (p.110–116,166–167,176).

註4： Wong, N. S., Kwan, T. H., Lee, K. C. K., Lau, J. Y. C., & Lee, S. S. (2020). Delineation of chemsex patterns of men who have sex with men in association with their sexual networks and linkage to HIV prevention. *The International Journal on Drug Policy, 75*, 102591. https://doi.org/10.1016/j.drugpo.2019.10.015

註5： Chemsex and its management (adapted from HIV manual www.hivmanual.com) (2020). iContinuing Education (iCE) on HIV/AIDS Special Preventive Programme, Department of Health, HKSAR.

註6： 性病／愛滋病最新資料季報（英文）2020 第三季，Vol.26, No.3。衞生署特別預防計劃及社會衞生科合作出版。https://www.aids.gov.hk/english/surveillance/stdaids/std20q3.pdf

註7： 紅絲帶中心刊物《愛滋病專訊》。2021年3月第78期。衞生署紅絲帶中心及聯合國愛滋病規劃署合作中心（專業支援）出版。https://www.rrc.gov.hk/aidsnewsletter/202103.pdf

註8： 衞生防護中心回顧2020年本地愛滋病情況新聞稿。 https://www.info.gov.hk/gia/general/202103/02/P2021030200297.htm?fontSize=1

註9： 香港大學精神醫學系的「精神物質濫用至精神疾病預治計畫」，英文全名為Substance misuse To Psychiatric disorders Program，簡稱SToP Program，是針對不同類型的毒品或危害精神物質對精神健康影響的綜合研究計畫，當中涵蓋的毒品包括大麻、冰毒、氯胺酮等。詳情可瀏覽網頁https://stophku.wixsite.com/website

註10： 香港特別行政區政府保安局禁毒處藥物濫用資料中央檔案室2016—2020統計數據。

註11： Ranjbar-Slamloo, Y., & Fazlali, Z. (2020). Dopamine and noradrenaline in the brain; overlapping or dissociate functions? *Frontiers in Molecular Neuroscience, 12*, 334. https://doi.org/10.3389/fnmol.2019.00334

註12： Smith, M. J., Thirthalli, J., Abdallah, A. B., Murray, R. M., & Cottler, L. B. (2009). Prevalence of psychotic symptoms in substance users: a comparison across substances. *Comprehensive Psychiatry, 50*(3), 245–250. https://doi.org/10.1016/j.comppsych.2008.07.009

註13： Chen, C. K., Lin, S. K., Sham, P. C., Ball, D., Loh, E. W., Hsiao, C. C., Chiang, Y. L., Ree, S. C., Lee, C. H., & Murray, R. M. (2003). Pre-morbid characteristics and co-morbidity of methamphetamine users with and without psychosis. *Psychological Medicine, 33*(8), 1407–1414.

註14： Sato, M., Numachi, Y., & Hamamura, T. (1992). Relapse of paranoid psychotic state in methamphetamine model of schizophrenia. *Schizophrenia Bulletin, 18*(1), 115–122.

註15 :　　Niemi-Pynttäri, J. A., Sund, R., Putkonen, H., Vorma, H., Wahlbeck, K., & Pirkola, S. P. (2013). Substance-induced psychoses converting into schizophrenia: a register-based study of 18,478 Finnish inpatient cases. *The Journal of Clinical Psychiatry, 74*(1), 94–99.

註16 :　　Brensilver, M., Heinzerling, K. G., & Shoptaw, S. (2013). Pharmacotherapy of amphetamine-type stimulant dependence: an update. *Drug and Alcohol Review, 32*(5), 449–460.

註17 :　　Tiihonen, J., Kuoppasalmi, K., Föhr, J., Tuomola, P., Kuikanmäki, O., Vorma, H., Sokero, P., Haukka, J., & Meririnne, E. (2007). A comparison of aripiprazole, methylphenidate, and placebo for amphetamine dependence. *The American Journal of Psychiatry, 164*(1), 160–162.

註18 :　　Meredith, C. W., Jaffe, C., Cherrier, M., Robinson, J. P., Malte, C. A., Yanasak, E. V., Kennedy, A., Ferguson, L. C., Tapp, A. M., & Saxon, A. J. (2009). Open trial of injectable risperidone for methamphetamine dependence. *Journal of Addiction Medicine, 3*(2), 55–65.

註19 :　　Heinzerling, K. G., Swanson, A. N., Hall, T. M., Yi, Y., Wu, Y., & Shoptaw, S. J. (2014). Randomized, placebo-controlled trial of bupropion in methamphetamine-dependent participants with less than daily methamphetamine use. *Addiction, 109*(11), 1878–1886.

註20 :　　Lee, N. K., & Rawson, R. A. (2008). A systematic review of cognitive and behavioural therapies for methamphetamine dependence. *Drug and Alcohol Review, 27*(3), 309–317.

2.5 愛，就是要「鐵達尼」？

　　「鍾醫生，『有頭髮邊個想做癲痢』呢？我……已經不再是五、六年前的我了……」三十七歲的阿玲下意識地輕撫着她左手手腕上鱗次櫛比的傷疤，嘆氣地說着。「我好勝的性格，在工作上或許是優點；但和阿榮一起的這些日子裏，卻是最大的致命傷！」

　　不知不覺阿玲和阿榮在「藥物濫用診所」就醫已經兩年多，而求診的原因，都是因為濫用咳藥水成癮。他們是診所裏眾多病人中的一對戀人，卻又不是唯一的一對，像阿玲和阿榮這種毒伴情侶的故事，在「藥物濫用診所」裏絕非冰山一角。

　　阿玲和阿榮有相似的童年，都是高中畢業後就投身社會，更是公餘派對的「鐵粉」。只是，以前的阿玲比阿榮更貪玩。「酒、煙、『搖頭丸』(註1)、『K仔』(註2)、大麻……我都試過。我以前真的很好勝，喜歡挑戰，朋友愈覺得我不敢試的，我愈要去試，甚至往往比他們試更多、量更狠！同時，我自覺比其他人更有定力，試過、玩過之後，就能隨時戒掉。所以在很多朋友眼中，只有我玩毒品，沒有毒品玩我！事實上，我真的可以做到說停就停。當然，那時的我也並不是去到上癮或非

吸不可的程度，純粹去派對時才應酬朋友玩玩。但什麼都玩過之後，我覺得是時候養好身子……始終是女人嘛，有顆恨嫁的心，總希望三十五歲前結婚生小孩，所以我真心想脫離這個圈子！」的確，在認識阿榮之前，阿玲算是成功戒除「玩藥」這嗜好好幾年了。

　　至於阿榮，今年剛滿三十八歲。相比起阿玲，阿榮明顯是個耳根子軟、欠缺主見的人。事實上，阿榮就是在朋友威迫利誘下嘗試了毒品「初體驗」。「這些年來，除了煙、酒和幾次『搖頭丸』外，我就只專情於『三寶』——『黑寶』、『黃寶』(註3)，當然還有『阿玲寶寶』！」阿榮一邊含羞地說着，一邊不自覺的掀起右手，企圖遮掩在口罩下的笑容。「哎喲，又忘了……醫生，你看，因為新冠肺炎戴口罩都快兩年了，還是改不了這個多年的小習慣。」別人可能以為那是阿榮含羞帶怯的表現，事實上，他是在掩飾因為長期濫用咳藥水而導致的嚴重口腔問題。現在他大部分的牙齒都已經甩掉，剩下的就只有那不到五顆被蛀得黑黑的、東歪西倒的門牙和犬齒。

　　阿玲與阿榮邂逅於六年前的一個派對。如一般情侶，平常講講電話，下班相約吃晚餐、一起逛街，然後各自回家。有時候週末，他們還是會一起去派對，不過就僅和朋友小酌幾杯，而再沒有涉及毒品。他們亦不時提及組織家庭的計劃，所以在大家眼中，他們似乎已經「修成正果」，然而，他們卻正上演着經典電影《鐵達尼》！

正當阿玲以為自己已經完全擺脫了毒品的枷鎖之際……

「當我發現原來阿榮還有『飲B』(註4) 習慣的那一刻，我就崩潰了！最初懷疑他有在『飲B』，就是因為他的牙齒愈來愈壞，當時他推說純粹是因為煙酒過多。之後，有時約他逛街，他不是肚子不舒服，就是腹瀉之類要提早回家。由於懷疑他有別的女人，所以我決定來一次突擊硬要陪他回家一趟！他也真的沒有撒謊，一到家，就立馬用衝的上廁所。等他期間，打算打開冰箱看看有什麼可吃之際，竟然被我發現他的冰箱內除了七、八個灌滿黃色、黑色液體的白色塑膠藥水瓶之外，便什麼也沒有！我當然知道這些是什麼一回事！」雖然已過了一段時間，但阿玲還是氣在心頭的說着。「我當時真的呆住了！我們明明說好了為着大家的將來，不會再接觸毒品……我好失望，感覺被背叛了！」

自從阿玲揭發了阿榮仍然有「飲B」習慣之後的一年，他倆重複上演着攻防角力戰：吵架、財力監控、日程監督、鬧分手、假承諾……可惜，阿榮依然斷斷續續的在濫用咳藥水。阿玲氣沖沖地說：「他經常說他停不了，嚷着只能慢慢戒停，先減量，再減少濫用日數；又說什麼要先從『黑』(寶)改『黃』(寶)，要慢慢降低濃度，以減少身體因沒有咳藥水的身癮……他也答應過我不再見那些『志同道合』的毒友人。可是日復日，那一年來，冰箱還是塞滿咳藥水，而他最長也只停用三天罷了！我覺得他真的很窩囊……怎會有戒不掉這回事？！」

於是，阿玲的好勝和她自以為「只有我玩毒品」的自信，再一次催使她重投毒海。同時，基於深愛阿榮，阿玲希望與他共同進退，她決定孤注一擲。「『好！既然你戒不掉，那麼You jump, I jump!』然後，我就從他的冰箱中，取出兩『黑』一『黃』，一口氣喝下。我還對阿榮說之後一個月，我每天也會來一支『黑』的。『三十天後，我就試給你看如何立即停用！你一個人戒不掉，就讓我們一起去戒，我不會丟下你一個人去經歷……如果我也停不了，那麼以後每喝一支，我就在左手手腕鎅一下！』」阿玲回憶着續說：「阿榮當時就只有呆若木雞的站在一旁，之後回過神卻只淡然拋下一句『好奇害死貓』，卻竟然沒有阻止我！我當然既失望又生氣，但無論如何我真的不想跟他分開……三年了，我由每日一瓶，到現在，是一日飲三、四瓶……還有我手腕上的這二十多條見證着我失敗的傷痕。現在，我……就算後悔了但又可以怎樣！」阿玲和坐在她身邊的阿榮眼眶都紅了。

有人說愛情如毒品，阿玲不單為愛情中毒，甚至因為離不開阿榮，由所謂的「派對藥物濫用者」變成了和阿榮一樣的「成癮者」。

咳藥水不就只是「止咳」藥嗎？

沒錯，咳藥水都能有效止咳、收鼻水、改善傷風和感冒症狀，不過同時也能「成癮」！這是由於在香港常被濫用的

咳藥水，主要成分包括「可待因」（codeine）、「麻黃素」（ephedrine）和「假麻黃素」（pseudo-ephedrine），它們都足以令人上癮。(註5)

「可待因」實際上是鴉片類藥物，因此有催眠和止痛效力，在咳藥水中則主力扮演抑壓咳嗽的角色。它的近親就是「毒王」海洛英（即「白粉」），故它的藥理、副作用，以至因不當使用而成癮的風險、成癮機制和戒斷的症狀方面，都跟「白粉」同出一轍（可參考本書〈2.1吸毒媽媽〉一文）。

至於「麻黃素」和「假麻黃素」主要的醫學作用在於擴張氣管和減少鼻黏膜充血、減少鼻塞等，因此是市面上感冒藥常見的成分。所謂的「假麻黃素」其實是「麻黃素」的右旋同分異構物，所以兩者的藥理非常相似。「麻黃素」和「假麻黃素」在化學結構上又與「冰毒」類似，亦因如此，早年曾有不法分子從中提煉「冰毒」。由於跟「冰毒」一樣屬興奮劑類毒品，故濫用含「麻黃素」或「假麻黃素」的藥物，也與吸食「冰毒」後相類似，能有興奮、引發心癮和身癮等惡果（可參考〈2.4Chem=Fun?〉一文）。

一般來說，在市面上買到、經政府衛生署許可而無須醫生處方的咳藥水，大都不含「可待因」成分。那些含有鴉片類「可待因」和興奮劑類「麻黃素」或「假麻黃素」成分的咳藥水，卻是濫藥者常用的毒品之一。而且通常受濫用者歡迎的咳

藥水，都是由藥房自行調製，並沒有清楚標籤藥物成分，所以實際成分和其含量往往有不少差異，故服用後對濫用者身體或精神的副作用亦可以更為嚴重和複雜。更重要的是含有「可待因」成分的咳藥水，其實在法律上屬於「第一類毒藥」，非法管有，例如沒有醫生處方，即屬違法！

咳藥水作為常用藥，哪可能會有害呢？

正如之前所提及，咳藥水含有的「麻黃素」，化學結構上與「冰毒」類近，而「可待因」更是「白粉」的近親，所以初期濫用時也同樣可以令人覺得精神亢奮、令人忘憂及有即時減少負面情緒的錯覺；有些人可能會變得比平常健談，或感覺精神更能集中等，但由於藥理關係，「麻黃素」和「可待因」本身的持續性其實十分短暫，所以這些感覺都不會持久。另一方面，作為興奮劑及鴉片類藥物，咳藥水極易形成心癮、身癮、戒斷徵狀（withdrawal）和耐受性（tolerance）等問題，故很多時咳藥水濫用者都會像個案中的阿玲和阿榮一樣，一旦成癮後，便需要一日內飲兩、三支以維持快感及防止戒斷狀態（例如長達數星期的失眠、焦躁和抑鬱情緒）。而長期濫用者甚或會產生類似思覺失調的精神疾病，例如胡言亂語、幻覺、妄想、行為怪異，以及出現暴力行為等，有部分個案更會演變成永久而不能逆轉的嚴重精神疾病，如精神分裂症等，要長期接受治療。

除了影響精神健康外，濫用咳藥水也會為身體帶來很大的負面影響。一般最常見的害處是口腔衛生變壞。這是由於咳藥水含有大量糖漿，而「麻黃素」和「假麻黃素」也會減少口水分泌，故此容易造成嚴重蛀牙和口臭，就像阿榮，大部分牙齒不是蛀了，便是甩掉，嚴重影響儀容和社交。

　　對於其他身體功能，咳藥水亦算得上是一個「計時炸彈」，例如「可待因」可引發心律不正、糖尿病、便秘、抽搐痙攣，「麻黃素」則可加劇青光眼病變、腎臟受損等。在臨床經驗中，見到不少患者像阿榮的情況，濫用與停用之間常常腹瀉，導致不能正常上學或上班，最後迫不得已又要繼續服用。更嚴重的是，有些成癮的咳藥水濫用者，由於耐受性的影響會不自控地飲用過量，引致急性中毒、昏迷、呼吸停頓而賠上生命！

為什麼咳藥水叫「B」、「黑／黃寶」、「膠樽」？

　　早期常被濫用的咳藥水，是由一間名為「May & Baker」的英國藥廠生產，所以俗稱「MB」或「B仔」；後來亦有不同的「原廠品牌」出現，如「PC」。由於原廠有牌子的咳藥水多以深啡色玻璃瓶盛載出售，所以也會被稱為「玻璃樽」。而坊間亦有一些由藥房經營者非法自行「特製」的咳藥水，一般以白色塑膠瓶散裝出售，故咳藥水在濫用者之間又會稱為「膠樽」。個案主人翁阿榮放在冰箱裏的正正是這些白色塑膠瓶裝的咳藥水。有時候，濫藥者會以咳藥水的顏色、味道，甚至以

「可待因」的濃度來劃分和當「摩斯密碼」以便購買。例如：顏色有「黑寶」、「黃寶」、「橙寶」；味道就有「提子」、「士多啤梨」、「橙」；濃度則有「3度」、「5度」和「9度」等。而濫用者會以「飲B」、「去咳」、「入油」等作為飲用咳藥水的暗號；又會用「好迷」、「上料」來形容服用後的興奮感覺來交換心得。

怎樣才算是濫用咳藥水？又有誰會濫用咳藥水？

當服用咳藥水的分量或次數持續多於醫生所建議的，又或者非為原有治療用途而服用，原則上已算是在濫用咳藥水了。根據香港保安局禁毒處統計資料顯示，雖然過去十年，在所有濫藥人士中，濫用咳藥水的人數有下降的趨勢，但是，在最新一份《2020/21年學生服用藥物情況調查》報告中卻發現，有大約16%的學生曾經濫用咳藥水，也是這青少年群組中，第二類最常被濫用的藥物！（註6）而在多年的臨床經驗中，因濫用咳藥水而被轉介到「藥物濫用診所」就醫的病人中，年紀最輕的只有十三歲。另外，在三十到四十歲正在就醫的病人群組中，大概有四成在學生時代或年輕時都有濫用過咳藥水！

咳藥水能如此盛行於學生和青少年階層的原因很多，「方便」、「抵玩」可算是兩個主要因素。除了便利商店外，相信在香港、台灣，以至日、韓等亞洲地區，「藥房」（即藥局）也算得上是第二多的店舖。要購得咳藥水，雖算不上是

易如反掌，但一定不是荊天棘地的難事。再者，服用咳藥水並不需要任何輔助工具，因此不少濫用者不單會獨自在家中服用，有時無論商場、學校廁所、公廁廁格、樓梯間，或是青年人聚處如機舖、網吧、朋友家，甚至街坊藥房等地方也可以隨時隨地「享用」，這同時亦增強了濫用者，特別是學生濫用者的隱蔽性而不易被察覺。更重要的是，咳藥水每瓶大概只售\$80至\$100，相比其他毒品如「大麻」、「冰毒」、「K仔」等更為便宜，就算是只靠零用錢生活的學生也能輕鬆負擔。

除此之外，由於一般家長、學生、老師和市民對咳藥水的成分及禍害都認識不足，即使家庭醫生一般也不會對自稱「感冒」來看病的年輕人起疑，因此，很容易對這種「毒品」掉以輕心，未能及時察覺孩子的異常，這都令咳藥水容易流行於學生層面中。再加上就算是咳藥水濫用者本身，也誤以為它作為一般常見藥物，一定比其他毒品的毒害來得輕，甚至不會成癮，更往往會如個案中的阿玲一樣，認為他們能夠輕易控制服用咳藥水的習慣，令很多青少年有了「一試無妨」和「只有我玩咳藥水」的錯覺而誤墮毒網。（註7至8）

故此，相信在現實中，尤其是在年輕人和學生階層，濫用咳藥水的情況，一定遠遠超過官方公佈的統計數據。

咳藥水成癮後，大不了就像戒「白粉」一樣去戒就好了吧？

錯！咳藥水可以比「白粉」更難戒、更難斷癮！

不似它的近親「白粉」，由於咳藥水是由幾種毒源混合而成的毒品，所以醫學界到現在還沒有找到可以幫助「咳藥水」脫癮的有效藥物，或簡單如「美沙酮」般的「替代性治療」療程。有些濫用者會如個案中的阿榮一樣嘗試以「量減」、減濃度、減濫用日數，或是以「毒剋毒」，例如用「冰毒」來抗衡「麻黃素」和「假麻黃素」的戒癮症狀等方法來「先緩害，再戒斷」；坊間甚至有傳言可以利用「止咳丸」（codeine tablet）來作「替代性治療」藥物，在社區「幫助」濫用咳藥水者戒毒……結果統統都「畫虎不成反類犬」，換來的是毒上加毒，令毒癮更深、更難戒除停用。

現時，一般相信比較有效的治療方向，包括院舍式的住院戒毒治療服務、重建生活習慣（life-style restructuring）、處理吸毒風險誘因和覆吸因素、治療共生精神疾病（co-morbidity）等。在香港有研究發現，多達兩成的濫用者其實同時是抑鬱症或低落性情感病患者（dysthymia）（註5）。而臨床經驗上亦發現，有不少咳藥水成癮者，尤其是青少年濫用者，其實一直不知道自己患有這兩種情緒病而誤用咳藥水作「自療藥物」（self-medication）才導致成癮。當他們得到適切的抗抑鬱藥療程或心理治療後，除了情緒病得以治癒外，不少也能同時脫癮成功。在中國內地，亦有特別針對十二至二十七歲濫用咳藥水的青少年的研究發現，完善的禁毒健康教育，例如提供有關濫用咳藥水成癮後對身心、家庭和社會影響的文獻資料和視頻，提高青少年認識、對待和處理日常生活中的心理煩惱的能力，學習抵抗心癮的技巧，加強家庭成員之間的溝通、凝聚力和歸屬感，以及重建青少年人的學習和生活習慣，改變交友圈子來避免接觸其他濫用人士，都能協助戒癮和防止覆吸。（註9）

註1： 「搖頭丸」，又稱「Fing」頭丸、「E仔」、「糖」，通常以不同顏色和形狀的丸劑出售。其正確學名為亞甲二氧甲基安非他明（3,4-Methyl enedioxy-methamphetamine），英文簡稱MDMA。一如其他安非他明，例如「冰毒」（詳見〈2.4Chem＝Fun?〉一文），屬中樞神經系統興奮劑，並無醫藥用途，屬派對中經常被濫用的毒品之一。

註2： 「K仔」即「氯胺酮」，詳見〈2.3我跟「K仔」做朋友〉一文。

註3： 指那些沒有經過衛生部門檢測而藥房自行調製販賣的咳藥水。其他常見的「品牌」還有「新黑」、「PC」、「萬一」、「萬三」等。

註4： 濫用咳藥水的術語。

註5： Tang, A. K., Tang, W. K., Liang, H. J., Chan, F., Mak, S. C., & Ungvari, G. S. (2012). Clinical characteristics of cough mixture abusers referred to three substance abuse clinics in Hong Kong: a retrospective study. *East Asian Archives of Psychiatry, 2012*(22), 154–159.

註6： 詳見香港保安局禁毒處《2020/21年學生服用藥物情況調查》報告：https://www.nd.gov.hk/tc/survey_of_drug_use_20-21.html

註7： Peters, R., Jr, Yacoubian, G. S., Jr, Rhodes, W., Forsythe, K. J., Bowers, K. S., Eulian, V. M., Mangum, C. A., O'Neal, J. D., Martin, Q., & Essien, E. J. (2007). Beliefs and social norms about codeine and promethazine hydrochloride cough syrup (CPHCS) use and addiction among multi-ethnic college students. *Journal of Psychoactive Drugs, 39*(3), 277–282.

註8： Shek, D. T. (2012). Personal construction of cough medicine among young substance abusers in Hong Kong. *The Scientific World Journal, 2012*, 754362. https://doi.org/10.1100/2012/754362

註9： 黃瑞兒、陳春紅和高鎮松（2015）。〈68例青少年聯邦止咳露成癮戒除失敗原因及教訓〉。《黑龍江醫學》，*39*（5）：577–578。

2.6 醫你變成害你？

「我有沒有ADHD（註1）重要嗎？你們所謂的心理學家、兒童精神科醫生不是説我兒時可能是個『過動兒』嗎？為什麼現在又要我再做評估？小時候的我不肯食『Ritalin』（註2），你們這些專家就認為我不乖、不合作，現在我主動要求開這藥，你們卻避之若浼，還轉介我來這什麼『藥物濫用診所』就醫……我説，一切都是你們惹的禍！」二十六歲的阿葛邊拍打着診症桌邊咆哮着。

是誰惹來的禍？抑或只是幸反為禍？

阿葛在英國完成法律學士學位後回流香港，之後好不容易地在香港完成了法學專業證書，繼而展開實習。實習的公司是行內知名的律師事務所。起初，阿葛可算是躊躇滿志，除了希望獲得寶貴的經驗，也希望完成實習後直接獲得聘用。可是，當阿葛連自己工作的部門裏同事的名字還來不及背上時，就已經面對着排山倒海的工作。厚重的文件層疊層的，冗長的會議浪接浪的，刺耳的電話鈴聲有完沒完的，飛花般的電子郵件如雷似閃的……只有「離座歇息」和「回家休息」從沒有光臨過他的工作位置。每晚，只要過了八時，辦公室充塞着的除了工

作，就只剩濃得令人倒胃的雪茄味和煙草味，連呼吸也有害。這種種都迫得本來已經屬「好動」派的阿葛更難安穩、更難安坐、更難集中精神和注意力工作。

「上幾次有這種超級不耐煩的感覺，都是在大學大考的時候，為了能集中溫習應考，我通常都會去買『聰明藥』，然後食上兩、三個星期直到試畢為止。大家都知道那些就是『Ritalin』，而在校園裏，要買簡直是易如反掌，只是價錢不便宜罷了。老實說我從來不相信自己患有ADHD，如果我真的患有ADHD，那我又怎可能在沒有任何藥物治療下考進法學院？」阿葛直言道。的確，翻查手上寥寥數張書寫得鸞翔鳳翥的病歷，唯一大概可以確定的是阿葛在八、九歲時的確來過醫院就診四次。至於診斷，就是「suspected（懷疑）ADHD」……而治療則是「refuse Ritalin」（抗拒「利他林」治療）。

「好！我有ADHD！我說我有，從小就有！我經常粗心犯錯。當要做重複性高的文書工作時，經常有持續專注困難。我又非常容易因身旁的活動或聲音而分心。而且在家裏或是在辦公室工作時，東西都亂放，然後又經常找不到需要的物品。我做事毫無條理，亂七八糟的，連我上級都時常批評我工作無條理、無效率！徵狀足夠你診斷我患有ADHD了嗎？」阿葛雖然顯得異常不耐煩，卻又依然能如數家珍地續道：「噢，你應該也像你其他私人執業的同行一樣，還需要我擠出些過度活躍徵狀，對吧？那你聽好，我也會在需要長時間坐着工作、開會時，

總之要安靜專心的場合中，完全靜不下來、坐不安穩、會扭動手腳，甚至經常離坐。我又會非常頻繁的在其他人還沒把話講完前就插嘴，或是搶着把其他人的話講完……夠了吧？你滿意了吧？可以開藥單給我去藥房取藥了吧？」此刻的阿葛已成熱鍋上的螞蟻。

「你最後大概應該是昨天傍晚吃過最少十粒20毫克的『利他林』對吧？」我詢問着。顯然，我發的冷箭把早已有點左支右絀的阿葛殺個措手不及。片刻下的寂靜，連一向慣性沉默地在牆上盯着我看診的時鐘也連番啪噠啪噠的在抗議。寂靜的確是最終兼最強大的武器(註3)，我亦有九成勝算接下來可以套得真實的情報。「我知道，我在濫用『利他林』，但我現在比以往任何時候更需要它！」果然，阿葛在「利他林」戒斷反應難當的影響下，已經放棄抵抗，無條件投降了。

「這一年多來，工作、工作、再工作……我已經忘記了我有多久沒有上健身房運動，有多久沒有在咖啡廳好好的享受一杯latte（拿鐵咖啡），有多久沒有躺在沙發上『耍廢』或是看Netflix。我連牙刷、牙膏，以至內褲、袖衫也要多備一套放在公司。一日八杯的不是水，是expresso（即特濃咖啡）、是『紅牛』(註4)。我必須要長時間的專注……不，是要全天候的在作戰狀態！而我清楚，子彈必須保持上膛；而我的子彈，就是從大學時期已經開始陪我衝鋒陷陣的『利他林』！於是，我到家庭科醫生那邊跟他說我小時候有『過度活躍症』，說現

在很難長時間集中精神工作、很容易分心。他也略略問了些關於ADHD的問題，然後跟我說我有『成人過度活躍症』。前後不消十分鐘，我的『子彈』就到手了。我發誓，我最初真的有依從指示，每天最多吃三次，每次一粒。不過，鍾醫生，你也了解，『利他林』一般只能維持二至四小時，我連凌晨也得工作！結果……」阿葛一五一十的把他的「利他林」成癮之路和盤托出。

最初，阿葛只是覺得藥力不夠持久，專注時間太短，所以開始每隔兩、三小時就服用一次「利他林」，然後再由每次一粒漸漸變成兩粒、三粒，每天差不多都吃上十五至二十粒。出乎他意料之外的是，當劑量上調，阿葛不單更容易、更快回復專注，他甚至有種活力充沛的興奮感，自覺更有衝勁；即使有時通宵熬夜後，也不覺睏倦。後來，由於愈來愈多時候要出席那些冗長、一個接一個的會議，又或緊接要隨上司出差到客戶辦公室，令他連「子彈上膛」的機會也沒有，害他霎時變得萎靡不振，因而給上司責難過好幾次。於是，阿葛惟有改變作戰策略，以量為先，一次就是十粒。雖然服「藥」次數變得較不頻密，但一天三、四十粒的「利他林」就是基本。每個藥袋上那「請遵照醫生指示服用」的小標示，在阿葛眼中亦只淪為眼中釘。逐漸地，「利他林」變成阿葛的行動電源，又有如長輩們的一句老話：「有病醫病，冇病強身！」

「因為我都以極高速把那家庭科醫生處方的『利他林』吞

噬，不出幾天就再折返他的診所要求補充藥物，所以連醫生都開始起疑，煩氣的問長問短！起初，我就辯解對他說：『ADHD哦，東西都亂放……哈哈……』之後，他說他診所缺藥，也不知孰真孰假……總之就不願意再為我處方『利他林』。於是，我惟有一個醫生換一個醫生，普通科的、家庭科的、腦神經科的、精神科的……這大半年來大概都有二、三十個吧！不過倒值得一讚，可能醫治ADHD是你們精神科的專長，每次到精神科醫生那邊求診，問長問短算是『家常便飯』，有的硬要我填問卷，總之都得用上我一小時的午飯時間！幸好，我每天只吃早、晚兩餐。而且『你有張良計，我有過牆梯』(註5)，久病都能成醫，無論問題也好、問卷也好，所問的徵狀大同小異，要令自己被診斷為ADHD患者，簡直易如反掌。鍾醫生，不要忘記，記性好的，除了醫生，還有律師！只是百密一疏，有幾次到不同地區的診所，卻碰上同一、兩名醫生，才驚覺原來你們精神科診所也有聯營式；更意想不到的是，原來我在你們同行中已經薄有名氣！幾位精神科醫生都異口同聲表示，除非我到『藥物濫用診所』就醫，否則我再難取得處方的『利他林』，我才淪落得非來不可！」阿葛咧嘴而笑又毫不忌諱地說着。

看着阿葛沾沾自喜的神情，再翻閱同行的轉介信，我好奇，我還有機會為阿葛做更詳細的身體檢查，評估他濫用「利他林」成癮的程度及對他身、心的影響嗎？我還有機會為他的ADHD再作診斷，制定除「利他林」以外的治療方案嗎？我還有機會為他濫用「利他林」成癮的問題作後續治療嗎？還是，

我只會成為他「醫生集郵 」中的其中一枚「女王頭」(註6) ？
又或只是他那部《利他林狩獵記》中的其中一個丑角而已？

什麼是「利他林」？

　　「利他林」的正式藥物名稱為「哌甲酯」
（Methylphenidate），屬可刺激大腦中樞神經系統的「興奮
劑」藥物，專治「注意力不足／過動症」（ADHD）。其他同屬
「興奮劑」藥物系列又同樣用於主治「注意力不足／過動症」
的還包括：「離胺酸右旋安非他命」（Lisdexamfetamine，英
文商品名Vyvanse，為「安非他命」〔amphetamine〕的前體藥
物，即要通過代謝才能釋放安非他命）和「阿得拉」（英文商品
名為Adderall，為兩種「安非他命」合成的緩釋劑，即透過特殊
方式將內藏的活躍藥物成分緩慢釋放的一種藥劑）。這三種「興
奮劑」類型藥物異曲同工之處就在於它們都可以促進「多巴胺」
（dopamine）和「去甲腎上腺素」（noradrenaline）自神經
末梢釋放，又能抑制神經末梢對此兩種遞質的再攝取，令大腦
中樞神經細胞間的突觸間隙（synaptic cleft）內兩者的含量提
升，來增加專注和集中力、降低疲倦感、減少不必要的分神和
過動徵狀，從而達到治療「注意力不足／過動症」的效果。有些
在學又患有「注意力不足／過動症」的病人，由於症狀得到改
善，所以在課堂上、溫習上、完成功課的質量上、校本評核上，
以至考試成績上都得到明顯改善，所以有時他們自己，甚至家
長、駐校社工和老師們也會俗稱這些藥物為「聰明藥」。

直到目前為止，「阿得拉」並沒有在香港取得註冊。至於「利他林」和剛在2021年才在香港註冊銷售的Vyvanse，按本地法例同受《藥劑業及毒藥規例》（第138A章）監管，亦屬其附表10內的《毒藥表》第1部附表3的「毒藥」，所以必須經由醫生處方才能銷售、管有和服用。而「利他林」更屬《危險藥物條例》（第134章）內的「危險藥物」，即任何人不得擅自管有、吸食、吸服、服食或注射，不然要負上最高被監禁七年的刑責（註7）！

濫用「利他林」或「利他林」成癮，只是危言聳聽？

　　如果大家還記得〈2.4Chem=Fun？〉裏阿敬所濫用的「冰毒」，有發現前面提及關於「利他林」和其他兩款用來醫治「注意力不足／過動症」的藥物，在藥理上跟「冰毒」有些相似嗎？會察覺到「冰毒」的化學名（甲基安非他命）跟Vyvanse和「阿得拉」的藥物化學名稱也有九成相近嗎？沒錯！因為「冰毒」、Vyvanse和「阿得拉」都來自同一個「老祖宗」——「安非他命」！縱然「利他林」為純化學合成的藥物，它的「專長」也就在於減少「多巴胺」和「去甲腎上腺素」這兩種神經遞質的再攝取，所以即使「利他林」的化學名稱驟眼看跟「冰毒」、Vyvanse和「阿得拉」不太一樣，但它們在大腦中樞神經系統內的作用，本質上其實是毫無二致！亦因如此，「利他林」和「冰毒」導致的「心癮」、「身癮」和「興奮劑成癮」的機制實際上也是同出一轍。

　　事實上，根據聯合國藥物與罪案辦公室*World Drug*

*Report 2021*第四號報告書,「利他林」是中、南美洲最常被濫用的興奮劑類藥物,而在北美洲如美國,濫用「利他林」等興奮劑類藥物的人有五百萬之多,比濫用「冰毒」的人數高出2.5倍,而年紀最小的群組更只有十二歲(註8)!此外,外國有綜合回顧分析研究指出,有4.5%的青少年、55%的大專學生,以及29%的成年人表示他們有濫用過「利他林」等興奮劑類藥物;更有14%的青少年和成年人表示他們濫用興奮劑類藥物的同時也有濫用其他興奮劑類毒品,如「可卡因」、「搖頭丸」、「安非他命」等以增強毒效(註9)!而在另一份包括歐美十國,關於濫用「注意力不足/過動症」興奮劑類藥物者如何得到此類藥品的研究發現,有高達62%的人表示他們都非直接經由醫生處方而獲得藥物,而是由家人、朋友及朋輩提供;更值得留意的是,有8%患有「注意力不足/過動症」的學生會把自己的處方藥轉售圖利(註10)。

至於在香港,雖然暫時還欠缺正式的統計資料,但早於2014年就已經有報章報道有關本港大學生通過郵購、網購,甚至向患有「注意力不足/過動症」的同學購買「聰明藥」如「利他林」等的濫用問題(註11)。再加上本港現在已批准以「安非他命」為本的Vyvanse正式發售,若不正視這股歪風,恐怕不久之後,就會如整個歐美般蔓延至中、小學界,覆水就更難收了。

難道要患ADHD的人畏「濫」忌醫？

一般而言，在兒童時期已經被診斷出有「注意力不足／過動症」的患者，大概有4%到了成年人時期依然會有徵狀，需要持續接受藥物治療（註11）。而在沒有孩童期病史的成年人組中，「注意力不足／過動症」的發病率大概為3%（註12）。在英國就有研究指出，假如患有「注意力不足／過動症」的成年人沒有得到適切治療，每人每年因失業、酗酒、吸毒、交通意外、犯法引致入獄等可導致的經濟損失就可能高達11,000英鎊（即折合港幣約為十二萬元）（註13）！由此可見，如果只畏「濫」忌醫，對患者來說不只不可取，對社會、經濟更是不可行的方案。

可幸的是，基於「利他林」和其他以「安非他命」為本用於醫治「注意力不足／過動症」的藥物跟「冰毒」在「藥物動力學」（pharmacokinetics）上的差別，縱然它們全部都能引致成癮，在一般情況下，如果患者能嚴格遵照醫生指示服用正確劑量，「利他林」等藥物一般很難引發如「冰毒」那種強烈又迅速的興奮感和無比的「心癮」。

所謂「藥物動力學」，主要由藥物、人體、時間等三個元素所組成。每種藥物都必須經過「藥物動力學」的研究，以了解藥物本身在人體內吸收、分佈、代謝和排泄的情況，來提供其在臨床使用時的依據，並賴以決定最理想的用藥方式，包括

用藥途徑、劑量、服藥頻次及藥物使用間距等。

　　雖然「利他林」、Vyvanse等興奮劑類藥物跟「冰毒」因為「多巴胺」和「去甲腎上腺素」而所誘發的「成癮」機制基本上是大同小異，但由於「藥物動力學」上的差異，從服食一劑「利他林」或Vyvanse後，經過人體吸收再到達最高血濃度，所需時間大概要二至五小時，相較「噗冰」足足慢了最少一倍。而且更多藥理研究指出「噗冰」所引發的興奮感在五至二十分鐘內已經可以到達頂峰！（註14至16）這就好比一場「龜兔賽跑」：在嚴格遵從醫生指示服用「利他林」等興奮劑類藥物的框架下，藥物就能像烏龜，縱然比較慢，卻能適當地延長「注意力不足／過動症」患者的專注力和減少過動症狀，爬到可持續性治療的「終點」，不會像兔子般的「冰毒」，快但不持久，更往往只會構成「心癮」和「成癮」的壞結果。不過，如果像個案中的阿葛般濫用「利他林」的藥量是正常分量的二十至三十倍，那剛才提及的「藥物動力學」上的分別就再難套用，對「利他林」或其他興奮劑類藥物的「心癮」也勢必出現，而「成癮」也就更在所難免，避無可避了！

　　那如果「注意力不足／過動症」的患者在就診前已經有濫藥的習慣或吸毒的問題，又或像阿葛一樣既是患者也同時對「利他林」成癮，豈不是無計可施、無藥可醫？醫學界為針對這個情況，在治療這類病人時會選用只單一提升「去甲腎上腺素」或直接激活其受體的藥物，例如：「阿托莫西汀」

（atomoxetine，中、英文商品名分別為Strattera及「擇思達」／「思銳」）和「胍法辛」（guanfacine，英文商品名為Intuniv）。直到目前為止，既沒有證據顯示這兩款藥物會引起「心癮」、「身癮」或引致「成癮」，而它們治療「注意力不足／過動症」的效果也不遜於一般常用的興奮劑類藥物，所以算是能一石二鳥的首選。（註17至18）

所以不管你是阿葛般「『為濫』尋醫」，抑或只是「『畏濫』忌醫」，也千萬別再找藉口而「畏疾忌醫」了。

註1： ADHD 為 Attention Deficit Hyperactivity Disorder 的縮寫。根據由曾念生醫生監修，美國精神醫學會出版的《精神疾病診斷與統計》第五版中文版《DSM-5 精神疾病診斷與統計》，其中文譯名為「注意力不足／過動症」，不過，市民大眾一般都稱之為「過度活躍症」。

註2： Ritalin 的中文譯名為「利他林」或「利他能」，為香港其中一種註冊並需經醫生處方以治療「注意力不足／過動症」的藥物。

註3： 引用自法國將軍夏爾‧安德烈‧約瑟夫‧馬里‧戴高樂（法語：Charles André Joseph Marie de Gaulle, 1890–1970）的名句「Silence is the ultimate weapon of power」。

註4： 「紅牛」（Red Bull）即紅牛能量飲料。據其網站顯示，一罐250毫升的「紅牛」含有80毫克咖啡因，相當於3.5罐同等容量的可口可樂，也比一杯即沖咖啡的咖啡因分量還要高。詳見 https://www.redbull.com/hk-zh/energydrink/red-bull-energy-drink-peiliao

註5： 「你有張良計，我有過牆梯」為一句諺語，意思指再厲害的計謀，也有應對方法。也有兵來將擋，水來土掩的意思。

註6： 自香港首枚郵票於1862年發行開始，一直採用英國君主頭像為郵票圖案。1997年7月1日前，香港通用的郵票都印有英女王伊利沙伯二世頭像，故被稱為「女王頭」。

註7： 詳見「電子版香港法例」內《危險藥物條例》（第134章）：https://www.elegislation.gov.hk/hk/cap134!en-zh-Hant-HK?INDEX_CS=N&xpid=ID_1438402700185_002

註8： 詳見聯合國藥物與罪案辦公室 World Drug Report 2021: https://www.unodc.org/unodc/en/data-and-analysis/wdr2021.html

註9： Weyandt, L. L., Oster, D. R., Marraccini, M. E., Gudmundsdottir, B. G., Munro, B. A., Zavras, B. M., & Kuhar, B. (2014). Pharmacological interventions for adolescents and adults with ADHD: stimulant and nonstimulant medications and misuse of prescription stimulants. *Psychology Research and Behavior Management, 2014*(7), 223–249.

註10： Kaye, S., & Darke, S. (2012). The diversion and misuse of pharmaceutical stimulants: what do we know and why should we care? *Addiction, 107*(3), 467–477.

註11： 〈「聰明藥」食壞腦〉（2014年1月21日）《太陽報》。取自http://the-sun.on.cc/cnt/news/20140121/00405_001.html

註12： Fayyad, J., Sampson, N. A., Hwang, I., Adamowski, T., Aguilar-Gaxiola, S., Al-Hamzawi, A., Andrade, L. H. S. G., Borges, G., de Girolamo, G., Florescu, S., Gureje, O., Haro, J. M., Hu, C., Karam, E. G., Lee, S., Navarro-Mateu, F., O'Neill, S., Pennell, B. E., Piazza, M., Posada-Villa, J., ... Kessler, R. C. (2017). The descriptive epidemiology of DSM-IV Adult ADHD in the World Health Organization World Mental Health Surveys. *Attention Deficit and Hyperactivity Disorders, 9*(1), 47–65.

註13： Hollis, C. (2016, March 23). *Adult ADHD—How Big is the Problem? National Perspective.* [PowerPoint slides] Presented in East Midlands Mental Health Commissioning Network Conference. https://www.networks.nhs.uk/nhs-networks/regional-mental-health-commissioning-networks-portal/documents/east-midlands-mental-health-commissioning-network-23rd-march-prof-chris-hollis-adult-adhd-how-big-is-the-problem-national-perspective

註14： 　詳見 "Highlights of Prescribing Information for Ritalin and Ritalin-SR" (2021). Novartis Pharmaceuticals Corporation. https://www.accessdata.fda.gov/drugsatfda_docs/label/2021/010187s093lbl.pdf

註15： 　詳見 "Highlights of Prescribing Information for Vyvanse" (2018). Shire US Inc. http://pi.shirecontent.com/PI/PDFs/Vyvanse_USA_ENG.pdf

註16： 　Cruickshank, C. C., & Dyer, K. R. (2009). A review of the clinical pharmacology of methamphetamine. *Addiction, 104*(7), 1085–1099.

註17： 　詳見 "Highlights of Prescribing Information for Strattera" (2020). Eli Lily & Co. http://pi.lilly.com/us/strattera-pi.pdf

註18： 　詳見 "Highlights of Prescribing Information for Intuniv" (2013). Shire US Inc. https://www.accessdata.fda.gov/drugsatfda_docs/label/2013/022037s009lbl.pdf

2.7「失寵」睡公主

「當打開門的一刻，沒有聽到牠走過來歡迎的叫聲，沒有看到牠撒嬌的臉蛋，我又再次崩潰了！」這種創傷每天輪迴反覆地發生在阿晶的生活中。雖然在「藥物濫用診所」就診這一年多以來，阿晶的抑鬱症狀大致上已經治癒了，但每次提起愛貓「比比」的離世，還是念念不釋的會傷感起來。

相信曾經飼養過、愛過，然後失去過寵物的人，定必了解當中的傷痛。一般人以為，對比起痛失至親、朋友，「失寵」只是輕於鴻毛，甚至是雞毛蒜皮的小事，更加可能覺得因想念寵物而出現抑鬱情緒問題的人只是自討苦吃、無病呻吟，是弱者。但事實上，像阿晶那樣，因「至寵」過世引發出嚴重的抑鬱情緒反應，繼而「濫藥」的「家屬」，絕對不是冰山一角。

「鍾醫生，我真的沒有想過，我對『比比』的愛，原來早已陷進如此不能自拔的地步。如果別人知道我到了這個五十年華才來濫藥，相信真的會被恥笑！『比比』剛過世不久時，我聽過的『冷嘲熱諷』已夠多了：『都已經年到半百，怎麼會為了一隻貓而徹夜無眠？』『小孩都懂得睡不着就數數綿羊，怎麼你卻要吃到廿粒安眠藥，這麼大一個成年人，還沒有自制能

力嗎？』『死了一隻寵物便一蹶不振，整天哭哭啼啼，你腦袋沒問題吧？』『好好休息吧，要不找一隻代替品，有什麼大不了……』『來，寄情於工作，很快你便能忘記！』『也只不過是死了一隻貓而已……』這些說話，只反映了別人根本不了解『比比』對我的重要性。『比比』不只是一隻貓，牠是我的家人；牠不只是我的心肝，牠是我的全部！他們那種割喉式的安慰，當然沒有令我重新振作，反而更像一把利刃，直刺入我的心扉。」阿晶雙眼通紅，再說不下去了。

眼前的阿晶跟一般上班族無異，一直都過着刻板的「九五」生活。反而下班後的身份卻使她樂「役」不倦，甚至覺得自己能成為「主子比比」的「鏟屎官」是一份榮幸、一份恩寵！阿晶的公餘時間並沒什麼特別嗜好，她也懶得去找其他嗜好，因為她的唯一生趣就是研究什麼寵物用品適合家中的「主子」。當公司的同事們在談論如何能令家中孩子們考上名校的時候，阿晶卻在「貓星人討論區」跟其他「鏟屎官」談論如何為家中「主子」們選上合適的名牌貓抓板；當朋友們興高采烈的在狂翻手機內的高級餐廳食物、咖啡店甜點的照片炫耀時，阿晶卻自成一角拿着手機高興又自滿地翻看自己為「比比」拍下的照片。阿晶的社交網頁，當然不用說，也可以確認必定統統都放滿「比比」的耍萌照和生活照。每次看到朋友上載的旅遊照片，阿晶都會留言：「為了照顧『比比』，我已經十多年沒有踏出過香港了，雖然我也想去旅行，但還是覺得能和牠在一起比較幸福。」

獨居的阿晶朋友不多，下班時間和週末，大多「宅」在家看電視、上網和陪伴她最愛的「比比」。光陰荏苒，這樣的生活轉眼間就已經十多年了。雖然不是真正的母子，但阿晶和「比比」的關係，怎止休戚與共，她們根本是血脈相連。當『比比』離開阿晶的時候，她的靈魂當下也一併的被牽走了。

　　事實上，「比比」自十二歲那時開始，身體狀況已經在走下坡，尤其是腎臟功能反覆出現問題。往後的幾年間，來來回回獸醫診所差不多耗盡了阿晶大半生的積蓄。但阿晶完全不在乎，只要能令「比比」多活一天，她什麼也願意……「自腎衰竭病發那時候開始，因為不想『比比』舟車勞頓，又不想牠孤零零一個離家住院，於是怕血的我硬着頭皮跟獸醫學習為牠打點滴作皮下水洗腎。其實自那時開始，由於太擔心『比比』的健康，怕牠會有什麼突發狀況，我已經有失眠的症狀，上班也很難集中精神。初時，我就純粹靠吃一些能幫助睡眠的成藥，什麼草本的、安神寧心的，又或是只含抗組織胺的、退黑激素的，不過統統都沒用。直到有天，我在網上討論區看到一些關於治療失眠的安眠藥，其中一種叫『白瓜子』(註1)的，説可以減輕因壓力、擔憂等而引發的失眠問題，於是我便到我家附近的藥房去買來試試。當時那店員也沒説什麼，只講到$80有十粒，$400 卻有一百粒。那時候還真不知道原來在香港法例下，它是必須經醫生處方的藥物呢！」

　　阿晶回憶着續説：「『比比』還未離開時，我就靠每天吃

一粒『白瓜子』入睡。雖然對減少擔憂一點幫助也沒有，而且隔天還會有種頭腦遲緩的感覺，但至少失眠的情況總算改善了一下。可是，當『比比』的腎衰竭開始每況愈下，我失眠的問題也就愈來愈嚴重，而『白瓜子』的功效就愈來愈短暫，甚至失效。於是，一粒、兩粒、五粒……我還記得在『比比』離開之前的兩個星期，我每晚已經要吃上十五粒『白瓜子』才能斷斷續續的睡上四、五個小時。然後，第二天就拖着空虛的軀殼、混濁的腦袋，步履蹣跚的步出家門去上班。而一到下午，我又不知怎的會突然覺得煩躁、坐立不安，手也出現顫抖……總之，日復日的，直到『比比』走的那一天，我整個人就崩潰了！不要說入睡，只要一閉上眼睛，『比比』的身影就自動浮現出來；有時夜闌人靜的時候，我還會彷彿聽到牠那溫婉的喵喵聲。上班的時候、乘車的時候、在家一個人的時候，眼淚總會不期然的流下來。那幾個月裏，我做什麼都集中不了，也提不起勁。老闆和同事雖然也很體諒，但是再好的老闆也對我在工作上頻頻犯錯、常請病假等開始有微言。到後來老闆也忍無可忍地給我發了一封警告信，表明如果三個月內工作表現沒有改善，就要開除我。事實上，那時候的我，『白瓜子』已經成為我唯一的依靠。每個晚上，我只想knock down自己，所以定必要吃上十五到二十粒『白瓜子』，令我在那些『淚濕羅巾夢不成，斜倚薰籠坐到明』的日子可以勉強的繼續撐下去。」

可能是「比比」在天上也不忍心看着阿晶受苦，或是「失寵」的都心有靈犀，就在另一個平凡又如常失眠的夜晚，阿晶

連上自「比比」去世後已數月沒瀏覽的「貓星人討論區」。在阿晶為「比比」貼上的訃文下，除了無數的「RIP」、「加油」等之外，阿晶收到幾個「私訊」，而其中一個叫阿銘的男生，分享了他失去了「鼠鼠」的經歷。「據阿銘說，『鼠鼠』是一隻像『比比』一樣普通不過的咖啡色家貓，但是牠膽小如鼠得連聽到倉鼠爬滾輪的聲音也會躲起來，所以給牠取名『鼠鼠』。但最巧合的是，『鼠鼠』、『比比』、『阿銘』和我的經歷竟然一模一樣！而最後帶領着阿銘走出陰霾的，不是『白瓜子』，不是時間，更不是另一隻『鼠鼠』，卻竟然是一段正確的哀傷輔導療程（註2）……」沒錯，坐在我面前的阿晶就是透過輔導員發現她可能患上抑鬱症和「安眠藥成癮」而來到「藥物濫用診所」就醫的。

逝者已矣，生者如斯。「鼠鼠」、「比比」一路好走。

「安眠藥」＝「安寢無憂」？

在香港，已正式在衛生署註冊又一般會用作「安眠藥」的物質大致可分為三大類：「苯二氮平類」（benzodiazepines，一般稱為「鎮靜劑」）、「Z-藥」（註3）和「食慾素受體拮抗劑」（orexin receptor antagonist）（註4）。前兩者都是上世紀發明的藥物，利用大腦內的「γ-氨基丁酸型受體」（γ-aminobutyric acid〔GABA〕receptor）對大腦細胞內負外正的狀態產生過極化狀態（hyperpolarization），加強

靜息腦細胞膜，令腦細胞「鎮靜」。而「食慾素受體拮抗劑」則是剛在二十一世紀正式面世，於2021年2月才在香港依法登記的藥物。它透過調控「睡眠清醒週期」，防止「食慾素」（orexin）接觸大腦內「提升清醒」區域的活動，以加強「安眠」效果。不過，即使藥性不一，這三類藥物都同屬香港《藥劑業及毒藥規例》（第138A章）附表10內的《毒藥表》第1部附表3「毒藥」，不單受嚴格的法例規管，而且必須經由醫生處方才能銷售或管有，不然要負上刑責。

除此之外，市面上也有不少「助眠藥」，例如中藥保健品、含「抗組織胺」藥物（antihistamine）、「褪黑激素」（melatonin）等，都不受該法例監管，可自行購買。由於這些「助眠藥」的作用一般缺乏大型科研驗證或相關數據支持，所以效果或可能產生的副作用亦因人而異。

很多人以為，「安眠藥」應該不會常被濫用，因為沒有人會願意花錢濫藥後，只換來睏倦感或綿綿睡意。事實上卻剛好相反！根據保安局禁毒處統計數據顯示，過去十年，「安眠藥」一直「穩守」「常被吸食危害精神毒品」的第三、四位，僅次於「海洛英」、「冰毒」、「氯胺酮」或「大麻」(註5)！而那些最常被濫用的「安眠藥」，正正是屬於「鎮靜劑」類的「三唑侖」（Triazolam）和「咪達唑侖」（Midazolam）(註6)，以及個案中阿晶所自行服用的「Z-藥」類的「白瓜子」——「佐匹克隆」。事實上，有不少服食「安眠藥」的人，起初都是因

為失眠才選擇用藥。往後，又如同個案中的阿晶一樣，都是在不知不覺間成為了「安眠藥」濫用者，墜入「安眠藥」成癮的深淵，而到「藥物濫用診所」求診。

失眠的原因確實包羅萬有：有的是因為生活上、工作上、感情上（包括親人或寵物離世）或人際關係上遇上問題或困擾，造成壓力性或焦慮性失眠；有的失眠其實是患上其他精神疾病的早期徵狀，當中最常見的就有情緒病類的斷症，如抑鬱症、焦慮症、驚恐症和躁鬱症。在「藥物濫用診所」內，也有源於濫用其他毒品後，特別是興奮劑類如「冰毒」、「可卡因」、「搖頭丸」等所引發的「失眠」戒斷反應。

只要遵從醫生指示來每天服食「安眠藥」就不怕成癮了吧？

可怕的是，不管什麼原因失眠，但凡服用通過干擾大腦內的「γ-氨基丁酸型受體」而發揮「安眠」、放鬆作用的「鎮靜劑」或「Z-藥」一段時間後，就算一直依據醫生指示服用，都有可能因「γ-氨基丁酸型受體」產生的自身結構改變和受體數目自行調節減少，出現「耐受性」（tolerance），亦即像阿晶一樣，每晚需要服用更多的「安眠藥」才能入睡或維持原來的睡眠時間。時至今日，儘管醫學界還未能就「服用『鎮靜劑』或『Z-藥』多久才會出現『耐受性』」這課題界定出確切時限，不過，歐洲、英國、美國、加拿大以至香港一般建議皆為不連

續服用超過四個星期，以減低「耐受性」。

　　各地精神科專科學會亦提倡，凡病人要求增加各「安眠藥」的一般建議劑量時，必須謹慎地作出「濫藥潛在性」（drug abuse potential）的全面評核。這是由於當服用的「鎮靜劑」或「Z-藥」超出指定劑量時，用藥者除了會感覺放鬆外，也會有莫名的歡愉感。於是，有些「安眠藥」用者會開始不為睡眠而服用，有的甚至「一日三餐」，去追求那份持續但短暫的歡愉，形成濫用和「心癮」。有的因為愈追愈狠，每每一次就服食十到二十粒「鎮靜劑」或「Z-藥」而「急性中毒」（acute intoxication），輕則神志模糊、出現譫妄、失去自制力而作出攻擊性行為；重則會心臟驟停、呼吸困難，出現大腦缺氧，造成永久傷殘，甚至如美國流行樂壇天皇巨星米高積遜般命喪黃泉！當時驗屍報告中的藥物分析報告指出，米高積遜血液和尿液樣本內竟然有三種不同的「鎮靜劑」，而其中一種就是先前提及過在本港最常被濫用的「咪達唑侖」(註7)。

　　更甚的是，當「鎮靜劑」或「Z-藥」的濫用者以為第二天清醒過來就會雨過天青，又或是「大難不死，必有後福」，它們的詛咒──「戒斷反應」（withdrawal）卻才真正步步進逼！這些「戒斷反應」最早可以發生在最後服藥時間後算起的廿四到七十二小時內，有時候又可以在第十至十四天後才出現，所以非常難預測(註8)。至於較常見的徵狀，輕度的就如同阿晶所經歷的煩躁、坐立不安、手震，別的還會覺得焦慮、

驚恐和心悸；比較嚴重的會出現錯覺、幻覺、多疑及被害妄想等。後者有時因為不願透露有濫用「安眠藥」成癮問題而被誤診為患上思覺失調或更嚴重的精神分裂症，導致不必要的延診或抗思覺失調的藥物治療。有部分人為免出現「戒斷反應」，惟有持續使用這兩類「安眠藥」，有的甚至將「鎮靜劑」及「Z-藥」交替或同時服用，導致長期「身癮」。不過，相信令大部分人，尤其是濫用者最意想不到的是通常出現於七十二小時內，並且可在短時間內奪命的「戒斷型癲癇」（withdrawal seizure）。「戒斷型癲癇」的發生是由於「γ-氨基丁酸型受體」在沒有「鎮靜劑」或「Z-藥」的影響下突然被釋出，令原來靜息的大腦細胞反彈所造成。由於癲癇的出現難於預測，臨床上就見過發生在各種地方（如街上、辦公室、公共場所、廁所，甚至醫院及「藥物濫用診所」候診室）和任何時間點，也間接造成延治延救至大腦缺氧、昏迷、失救、猝死等惡果。

那麼剩下的「食慾素受體拮抗劑」既非「鎮靜劑」，亦非「Z-藥」，用它作為「安眠藥」，又會否比較安全、較難被濫用或引發成癮問題呢？根據該藥在美國食品藥物管理局（U.S Food and Drug Administration，簡稱FDA）的註冊藥物資料文件顯示，它跟其他兩類「安眠藥」一樣可以構成「心癮」和具有被濫用的風險（註9）。另外，由於有關「食慾素受體拮抗劑」的大型臨床試驗研究，最長的只維持了半年，而且它又是剛推出市場的新型藥物，相比起「鎮靜劑」及「Z-藥」在臨床上使用了超過半世紀，它只算是初生之犢，故此暫時依然欠

缺數據及臨床經驗來支持或否定「身癮」或正式「成癮」的存在性。

因此，渴望安寢無憂的你，切忌盲目服用「安眠藥」，以免「睡公主」做不成，成了「安眠藥」下魂。

已經「安眠藥」成癮了，可以怎麼辦？

由於一般「安眠藥」成癮者實際上是「鎮靜劑」或「Z-藥」的成癮者，所以治療方案會因應他們濫用的原因、目的和分量而制定，接着再將他們正使用的「安眠藥」逐步地作劑量遞減，以避免出現之前提到的嚴重又可奪命的戒斷反應。

舉例說，像個案中的阿晶因患上抑鬱症所引發的失眠卻不自知，繼而誤以「安眠藥」作「自療藥物」的濫用者，一般在服用比較帶睡意的或有刺激「褪黑激素」受體功能的抗抑鬱藥療程後，都能夠順利過渡，停用「安眠藥」。

但是，如果成癮者純粹為了濫用「安眠藥」後可帶來的放鬆感、歡愉感和興奮感，或用它以抗衡其他毒品的反應，那「安眠藥」的脫癮方案就會變得複雜。這是由於此類成癮者報用「安眠藥」的分量一般都比較重，「毒齡」也一般比較長，然後也可能同時受到其共用的毒品的自身脫癮反應所影響。因此，為更安全、更有效和更直接去監察他們脫癮時的反應，

一般都會安排為期最少十四天以上的精神科病房住院療程，再通過「以長補短」的「鎮靜劑」作「替代治療」。所謂「以長補短」的意思是指採用在藥理上「半衰期」（half-life）較長的「鎮靜劑」，如「地西泮」（Diazepam，又稱「安定」）以治療「半衰期」較短的「安眠藥」所引發的戒斷症狀。原理跟〈2.1吸毒媽媽〉中以「美沙酮」作為「白粉」的「替代治療」一樣。之後，再將「半衰期」較長的「鎮靜劑」作逐步性劑量遞減，幫「安眠藥」成癮者脫癮。最後，會為他們安排如〈2.3我跟「K仔」做朋友〉提及過的「認知行為治療」來幫助他們減低覆吸的風險，達到往後真正的「安寢無憂」。

註1：　　　　即「佐匹克隆」，英文藥名為 Zopiclone，商標名稱為Imovane。由於每顆藥片的大小像破了殼的瓜籽，又呈白色，故一般用此藥者，特別是那些非經正常途徑由醫生處方而獲得或濫用「佐匹克隆」的人，會用「白瓜子」為代號，以增加隱蔽性。

註2：　　　　「哀傷輔導治療」，即grief therapy。一般人在失去至親時，都有可能經歷以下四個時期：「麻木僵化期」（numbing）、「渴念和搜尋期」（yearning and searching）、「解組、憂鬱和絕望期」（disorganization, depression and despair）和「重組或復原期」（reorganization or recovery）。「哀傷輔導治療」就是希望透過輔導員協助家屬處理及表達對逝者的潛在情感，通過聆聽他們的哀傷和痛苦經歷，鼓勵和幫助他們接受失去的事實，重新適應現況，並以健康正確的方式向逝者告別，繼而將感情投注入新生活中。總的來說，大部分人需要約半年至兩年時間去過渡整個過程，但情況亦會因人而異，尤其如果至親的離開突然、生前雙方關係特別糾纏、「哀傷」已經長時間沒有得到適當的排解，又或者因而引發出抑鬱症狀，則不但需要更長時間，也可能需要在「哀傷輔導治療」的療程中同時接受抗抑鬱藥治療。

註3：　　　　「Z-藥」英文為「Z-drugs」，是指以英文字母「Z」在世界各地（包括香港）登記註冊的兩款「安眠藥」：Zopiclone（見註1）和Zolpidem（「唑吡呾」，商標名稱為 Stilnox，中文名為「使蒂諾斯」）。

註4：　　　　登記藥名為「lemborexant」，商標名稱為「Dayvigo」，香港中文名稱待定。

註5：　　　　詳見香港特別行政區政府保安局禁毒處「藥物濫用資料中央檔案室」統計數字。https://www.nd.gov.hk/tc/crda_publications_and_statistics.html

註6：　　　　在濫用者之間又稱「藍仔」或「藍精靈」。

註7：　　　　米高積遜（Michael Joseph Jackson, 1958—2009）其中一個致死因素為過度服用「鎮靜劑」類藥物，出現「急性中毒」引

致心臟驟停（cardiac arrest）。詳見https://abcnews.go.com/Entertainment/MichaelJackson/story?id=8433380及 https://separationonmj.blogspot.com/2012/09/forensic-toxicology-of-mjs-death.html

註8：　　　Pétursson, H. (1994). The benzodiazepine withdrawal syndrome. *Addiction 89*(11), 1455–1459.

註9：　　　詳見Dayvigo™（lemborexant）Highlights of prescribing information (03/2021) Eisai Inc. https://www.dayvigohcp.com/-/media/Files/DAYVIGOHCP/PDF/prescribing-information.pdf

2.8 和頭酒

「的確，很多人都以為一醉能解千愁，可惜世上更多人是酒入愁腸愁更愁，你應該也有聽說過吧？」我問今天來到「藥物濫用診所」覆診卻依然渾身酒氣的小嫻。「『把酒歡歌何時有，人笑我痴我偏痴。莫道有酒終需醉，酒入愁腸愁更愁。』鍾醫生，魏秀仁的《花月痕》我初中時已經讀過，只是想不到笑我痴的是我老公，說我傻的是我奶奶，要買醉的我卻愈喝愈不醉⋯⋯」小嫻把她在短短六個月內從小酌到酗酒的原委一五一十的向我娓娓道來。

「疫情前，我是街坊、鄰居眼中的好媳婦，我老公眼中的好老婆。一場新冠肺炎，不但成了我婚姻的催命符，也開啟了我和奶奶之間婦姑勃溪的日子。」今年才三十歲出頭的小嫻深深的嘆了口氣。「兩年多前，我正式拿到『單程證』(註1)。我滿心歡喜，因為終於可以不用跟老公過着離離合合的兩地生活，也期待着當一個正正式式的『香港人』。雖然在拿到『單程證』之前，我已經常用『雙程證』(註2)深（圳）、港兩邊走，亦習慣了香港這邊住房面積比我們內地的家小一半，以及接受了我要跟奶奶同住的事實。我本以為只要有老公在身邊，我就能克服和奶奶之間的代溝和同住的困難⋯⋯只是當『老媽和老

婆同掉進大海，你會先救哪一個？」這老掉牙又老套至極的處境重複出現在我老公面前時，我不但不是先被救的那一個，更給他判定是先推奶奶下海再自己跳下去的那種野蠻、無賴、爭寵和自討沒趣的『公主病』女人！」

相信大家都會認同，患有「公主病」的人，都異常自我中心、任性，自制能力極差，容易任意妄為。「公主」們一般對金錢毫無概念，尤其愛花別人的錢，有時甚至揮霍無度。由於往往自認天生高人一等，必該受到公主般的待遇，所以她們都鍾愛別人伺候和遷就；同時因欠缺責任感，覺得自己只有享權利，不須盡任何義務，也不懂珍惜所有。而且「公主」們抗壓能力不高，一罵就哭，有壓力就逃；只要跟自己意見不同，她們就會不斷投訴，甚至算得上是世界上最擅長抱怨的一族。但如果你去問認識小嫻的人，會覺得她身上散發着這些「公主」的「高貴」氣質的，應該就只有她那最愛在雞蛋裏挑骨頭的奶奶。

「我在陝西農民家庭出生，是家中六兄弟姊妹中的老大，所以做家務、備三餐、帶小孩等家事，甚至農耕收割，對我來說是手到拿來的等閒事。初中畢業後，為了減輕父母的壓力，我自願跟姑姑搬到廣州，開始着半工讀的生活。我一邊唸高中，一邊當百貨公司清潔工賺生活費。只要有餘錢我都存到銀行，或是匯款給鄉下的家人。高中畢業之後，我開始在深圳的一家初創企業打工。或許是我不怕吃虧、不怕捱苦的工作態度，公司主管們都蠻欣賞我，還保薦我入讀一般只接受大學畢

業生申請、有關大數據分析的程式設計課程。當然我亦不負公司期望，順利畢業。隨後，我加入了公司新成立的部門，認識了那時剛被調進我們深圳公司交流的『港青』、我後來的老公阿祖。其實，我們的愛情故事也頗老套，就是那種從辦公室開始，朝夕相處、日久生情囉。阿祖是家中獨子，自小就盡得父母的寵愛，可惜他爸在他高中時因為一次工業意外不幸過世，阿祖媽媽就倚靠那筆保險賠償持家，同時對阿祖也愈來愈溺愛。或許是我愛照顧人的『凹』剛好碰上了阿祖那十指不沾陽春水的『凸』，我們一起大概一年就訂婚了。」

他們訂婚後的第一個週末，阿祖帶着小嫻回香港，希望給他媽媽一個驚喜。可是，當阿祖的媽媽聽到他們已經訂婚的消息時，他媽媽的反應着實是連阿祖自己也始料不及。據小嫻憶述，那一刻，既沒有預期的喜上眉梢，也沒有期待的溫馨擁抱，更沒有丁點真摯的祝福；阿祖的媽媽只是呆若木雞般靜靜地坐在沙發上，接着眼淚就在她那灰白的臉上燙出兩道淚痕，並開始喃喃自語又重重複複地低呻着：「老公我失去了你，也快要失掉兒子了。」阿嫻心裏明白，也不想阿祖為難，所以那天之後就主動向阿祖提出，結婚之後如果真的要移居香港，她可以和奶奶同住，也會孝如至親。「一來是不想刺激到阿祖媽媽，二來是我們也不想太鋪張浪費，所以訂婚後不久，我們就只低調的跑去民政局辦理結婚證……我當然有跟陝西老家的人說啦，鍾醫生，這倒是咱們家第一次嫁女兒的囍事呀！雖然父母知道來龍去脈之後也覺得我受委屈了，但我反而安慰他們半

開玩笑説我是走在國策前端的『大灣區』新娘哩！只是，結婚後不到三個月，阿祖就被調回香港。而我因為工作關係，惟有繼續住在深圳，並只能偶爾憑着『一週一行』(註3) 或在連假時用『雙程證』到香港跟阿祖一聚。而每逢在香港時，我也會用心盡力和奶奶融洽相處，既陪她上茶樓、去街市買菜，又會做飯、打掃和料理家事，因此街坊、鄰居都對我讚口不絕。經過差不多一年的努力，奶奶終於開始對我緩緩的解除心鎖，慢慢嘗試接受我成為他們『家』的一分子。」

「2019年國慶日前夕，我期盼已久的『單程證』終於發下來了。阿祖非常開心，至於奶奶……沒再在哭就是了。收到證件之後，我就跟主管説明希望可以調職去香港分公司。主管們雖然都明白『女大不中留，留下結冤讎』的道理，但眼見那時候公司一直將業務北移回去『大灣區』的大趨勢，我能成功調職的機會微乎其微，於是他們都力勸我倒不如叫阿祖申請調回來深圳。老實説，這點其實我和阿祖心裏都明白，只是奶奶一定撐不住沒有他在身旁的日子，也會認定我是真的搶走了她兒子而恨我。反正『東家唔打打西家』(註4)，所以最後我也孤注一擲，在知道調職要求被拒絕了之後，我就直接遞交辭職信，『移民』去香港！」

可惜，新冠肺炎的突襲，給小嫻的「家」帶來了翻天覆地的轉變。

「就在到埗後的第二天，香港正式公佈首宗新冠本土感染個案。鄰居們對我的眼光迅即變得不友善，間中甚至惡言相向：『你快滾回內地去，不要在這裏播毒，累死我們香港人！』奶奶不但再次對我變得冷漠寡言，甚至乎更抗拒我，除了午餐不願跟我同枱用膳外，就連晚餐，她也會對阿祖推搪說我煮的菜不合她胃口，說什麼內地人煮的菜不是太油就是太鹹、難吃，要自己煮自己的菜回房吃。阿祖不忍心他媽孤單，於是會盛我煮給他的份到她房間陪她一起吃；我也不忍心阿祖他們倆委屈在小睡房吃，所以之後我就先煮好三人份的晚餐，再自己躲回房間吃。老實說，有時候聽到他們在外面談天說地、有說有笑，心裏確實不是味兒；說我不難過也是騙人的，難道我就不怕寂寞嗎？後來，阿祖告訴我，奶奶向他投訴我『好食懶飛』，是『蛀米大蟲』，白天既不去找工作，在家又不會搞衛生，說我一天到晚都不洗手、在家不肯戴口罩。鍾醫生，我已經早晚都依從你們的『1：99』指引去清潔家居，出門在外必定戴穩戴好口罩，回家又洗手又用酒精消毒液搓手……可是要我在家無時無刻戴口罩，那不是吹毛求疵是什麼呀！起初我還會安慰自己並耐心的等待着，希望有天能再度融化奶奶冰封的心和消除她對我的偏見。但日復一日，我感覺自己在那個家愈來愈像透明人一樣。我不想成為家中『擺設』、『廢物』、『蛀米蟲』，於是我嘗試外出找工作。我想做回老本行，但是寄出去的應徵電郵全都石沉大海；我試過去應徵超市理貨員、蛋糕店店員，但是那些店長、經理一聽到我才剛來香港不到三個月就立即表示沒空缺、喊我滾回內地去……我不明白為什麼

我會活得像過街老鼠一樣?我感到困惑又納悶,哭着去跟阿祖訴苦,他卻只覺得我反應過敏、庸人自擾,笑我是『公主』。我不想反駁,可我絕對不快樂。每天生活在那個冷冰冰的家的我怕有一天終會忍不住向奶奶發脾氣、跟阿祖吵架。就在那時開始,紅酒漸漸成為我唯一的知己,也成為唯一能擺平我內心那份悲憤的『和頭酒』。」

事實上,小嫻以前很少喝酒,因為即使是一、兩口啤酒,她都會滿臉通紅,再多喝就會吐,甚至會起酒疹。只是,這段時間她承受着的冷暴力對她造成的心理傷害,遠比那些喝酒後的身體不適更難受百倍,迫得她只能選擇與酒為伴。「我一刻也不想看到奶奶那副冷漠、嫌棄的表情!我一刻也不想聽到她那不屑又刺耳的嘲笑聲!我受不了,真的受不了!反正在那個家無論我怎麼勞心、怎樣勞力,阿祖也不會在意,奶奶也不會滿意。所以後來我每天只會把那些瑣碎的家事草草的弄一弄,然後便轉身回房間睡覺。坦白說,大白天又怎可能睡得着?於是乎我喝酒,從午飯起就開始喝,喝到微醺我就去睡,睡到傍晚就起來弄晚餐,弄好之後就回房間自己一個人繼續邊吃邊喝。若是睡過了頭,我就乾脆不吃,連澡我也懶得去洗,就一直睡下去。再者,那時候我奶奶已經沒管我的存在,只會弄阿祖和她自己晚餐的份。

「至於阿祖,他見到我獨自在房間也好像已經習以為常、見怪不怪,頂多在踏出我們房間去『約會』他媽時會偶爾拋下一句:『阿媽不喜歡你喝酒。』阿媽、阿媽……我也是他老婆

啊！他為什麼不關心一下我為什麼每天都在喝酒呢？每次想到這我就愈想愈生氣，愈生氣晚上就愈睡不着，於是我又惟有大半夜拿着紅酒獨自躲到廚房去喝，喝到醉、喝到暈，就直接躺在客廳的沙發上睡。有時候恰巧家中的紅酒喝光了沒存貨，我會連家中廚房那小瓶的米酒也不放過，把它全喝光光！但說來奇怪，這半年多來，我愈喝愈難醉。可是，清醒對我來說是折磨，孤單、寂寞的感覺太痛苦，我情願買醉；故此，有時為了令自己快醉、易醉一點，我情願三餐不吃，直接空肚灌酒。不過，即使如此，這招也愈來愈不管用，害得我現在每晚必須要喝上三大瓶紅酒才能入睡。再加上近來早上一覺醒來，我就會『手揗腳震』、心緒不寧、渾身不自在，這些時候也只有紅酒能成為我的解藥，能讓我安靜身心。」

小嫻突然靜默了一會才開口續說：「鍾醫生，上次覆診時你問我最近一次跟阿祖同床而睡是什麼時候，又或是我們最後一起去逛街是什麼時候……我真的想不起來了，或者應該說我已經厭倦了回憶過去。眾裏尋他千百度，驀然回首，我想這個『他』再不是阿祖了。我猜，我『改嫁』了，我現任老公叫黑皮諾・希哈波爾多(註5)。」

「酒」定「酒精」？跟「乙醇」又有什麼關係？

我們常喝的「酒」，其實主要成分不是「酒精」，是「水」。化學上，「酒精」（alcohol）其實可分為兩種：可食用「酒

精」，如「乙醇」（ethanol / ethyl alcohol），以及不可食用「酒精」，如「甲醇」（methanol / methyl alcohol）、「異丙醇」（isopropyl alcohol）、「丁醇」（butanol）等。有時大家在新聞上看到關於喝「假酒」中毒甚至死亡的報道，大多是因為不法之徒以「甲醇」魚目混珠，代替「乙醇」造酒所致。而在新冠肺炎疫情下大家常用的酒精消毒液或酒精搓手液，一般都有60%以上高濃度的「乙醇」或「異丙醇」。前者雖屬可食用酒精類，但由於這些消毒液通常會加入其他消毒成分，例如「過氧化氫」（hydrogen peroxide，一般又稱「雙氧水」），再加上如此高濃度的酒精可直接引致食道潰爛、急性中毒及肝臟衰竭，所以絕對不能飲用！

市面上不同類型的酒類飲料，除了含有「酒精」之外，也可能會額外加入不同的成分，例如「蘋果酒」會加入醋、蘋果汁、糖及其他食物添加劑等。雖然大部分在香港販售的「酒」與汽水、牛奶一樣屬預先包裝飲品，包裝上卻不如後兩者般一定會附有營養標籤。這是由於根據香港《食物及藥物（成分組合及標籤）規例》第132W章，「酒精濃度」或「酒精含量」（Alcohol By Volume，英文縮寫為ABV）超過1.2%的飲品可獲豁免遵從該規例有關營養標籤的規定，亦無須標示該食品製造商或包裝商資料。不過，為保障消費者，製造商或入口商仍須在包裝上標示保質期，即「此日期前最佳」或「此日期或之前食用」的說明。（註6）

那麼「酒精含量」（ABV）又是什麼呢？它一般會以百分比（％）為標示單位，意思是指在每100毫升的「酒精」飲品內，含有多少毫升的「可飲用純酒精」或「可食用乙醇」。而「ABV」跟「酒精單位」（alcohol unit）又不一樣。要計算「酒精單位」，就必須要掌握兩個數值：「ABV」數值及含「酒精」飲品的容量（以毫升為單位）。計算「酒精單位」的算式如下：

$$\text{酒精單位} = \text{酒精飲品容量（毫升）} \times \frac{\text{"ABV"(\%)}}{1000} \times 0.789$$

當中的0.789為「乙醇」比重（specific gravity），即相對於「水」的相對密度（「水」的比重為1）。例如，一罐500毫升的大罐裝「生力啤酒」的「ABV」為5％，用以上算式計算，它就含1.97個「酒精單位」。根據世界衛生組織的認可標準，每1個「酒精單位」內含10克「乙醇」(註7)。下頁附表1表列了香港常見的各類含酒精飲料的「ABV」和「酒精單位」。

附表1：香港常見酒精飲料的酒精含量和單位

飲品類型	酒精含量（容量百分比）*	常見容量或一般飲用量	酒精單位*	
			每一容器	每100毫升
仙地酒	0.5%	330 毫升（整罐）	0.1	0.04
啤酒	5%	330 毫升（細罐裝）	1	0.4
		500 毫升（大罐裝）	2	
		330 毫升（細瓶裝）	1	
		640 毫升（大瓶裝）	3	
蘋果酒	5%	275 毫升（細瓶裝）	1	0.4
紅酒／白酒	12%（11%–15%）	125 毫升（細酒杯）	1（1-2）	1（1-2）
		750 毫升（整瓶）	7（7-9）	
香檳／汽酒	12%	125 毫升（細酒杯）	1	1
		750 毫升（整瓶）	7	
加度葡萄酒（雪利酒／砵酒）	15%–20%	125 毫升（細酒杯）	2	2
烈酒（威士忌／伏特加／氈酒／蘭姆酒／龍舌蘭酒／白蘭地）	40%（35%–57%）	30 毫升（酒吧杯）	1	3（3-5）
梅酒	15%	300 毫升（細瓶裝）	4	1
日本清酒	16%	300 毫升（細瓶裝）	4	1
花雕酒	18%	約50 毫升（一兩）	1	1
		250 毫升（水杯）	4	
糯米酒	18%	約50 毫升（一兩）	1	1
		250 毫升（水杯）	6	
雙蒸酒	30%	約50 毫升（一兩）	1	2
		250 毫升（水杯）	6	
三蒸酒	38%	約50 毫升（一兩）	2	3
		250 毫升（水杯）	8	
中式烈酒（白酒）	52%（38%–67%）	約50 毫升（一兩）	2（2-3）	4（3-5）
		250 毫升（水杯）	10（8-13）	

資料來源：香港特別行政區政府衞生處網頁
https://www.change4health.gov.hk/tc/alcohol_aware/facts/standard_drink/examples/index.html
備註：* 數值僅為約數

至於另一個常用以表達「酒量」的單位——「標準杯」（standard drink）在世界各地卻並沒有固定的定義。譬如說，在香港、日本、部分歐盟成員國（如法國、意大利、荷蘭、愛爾蘭等）和澳紐，都以1個「酒精單位」（即10克「乙醇」）為1「標準杯」。但是，在北美國家、東歐地區、英國、奧地利等，1「標準杯」的「乙醇」含量卻可以由8克到20克不等（註8）。事實上，不論是「酒精含量」、「酒精單位」抑或「標準杯」，設立的目的都是希望方便大眾了解各種「酒」類飲料中「乙醇」含量有多少，避免過度喝酒，甚至觸犯如「酒後駕駛」等法例（註9）。

很多人會問，究竟喝酒有「上限」或「安全標準」嗎？研究顯示，男性每天喝少於2個「酒精單位」（即一罐大罐裝「生力啤酒」）和女性每天喝少於1個「酒精單位」（即半罐大罐裝「生力啤酒」）的酒或含酒精飲料，都屬於「低風險」一族，即指因喝酒而衍生出身心問題的機率會比較低。而不論男女，如果每星期喝超過14個「酒精單位」，就可能已經有「酗酒」（alcoholism）的問題了（註10）。至於一般人所謂的「劈酒」（即暴飲，binge drinking或high-intensity drinking），是指在短時間內（一般為兩小時內）一次過飲用超過四或五罐／杯酒（註11），相當於平均飲用了50至75克的「乙醇」，即5至7.5個「酒精單位」。根據2010年香港特別行政區政府衛生署「行為風險因素調查」顯示，16.9%的受訪市民表示曾喝超過每日建議的「酒精單位」上限，約7.2%的被訪者有「暴飲」

行為。而「暴飲」人士當中以年輕人為主，若按不同年齡組別及性別比較，在男性中，二十五至三十四歲年齡組別暴飲的比率最高達15.6%，而在同年齡組別的女性則佔4.2%（註12）。到了2016年，曾有「暴飲」行為的人，更大幅飆升2.5倍到18.7%（註13）。

以個案中的小嫻為例，她過去半年每晚至少喝三瓶大瓶裝紅酒，甚至有時候要額外加上一小瓶米酒，那表示她除了是「暴飲」族外，用「附表1」提供的資料屈指一算，她每晚所喝的分量就相等於大概21至33個「酒精單位」，即超出「低風險」係數最少20倍，故此她也必屬「酗酒」或「酒精成癮」（alcohol dependence，又稱「酒精使用障礙症」，英文為alcohol use disorder）的高危族！特別值得關注的是，在新冠肺炎橫行這兩年多以來，雖然各地的抗疫、封城和社交距離等防疫措施一般都非常嚴格，卻不但無助改善各國有關喝酒的情形，相反更增加了喝酒頻率、喝酒量和「暴飲」頻率達23%至43%。以香港為例，於2020年4月的一項調查訪問發現，疫情期間有5.8%喝酒人士表示他們的喝酒量有所增加，而主因包括有更多時間飲酒、生活枯燥等（註14）。由此可見，個案中的小嫻可能只是「新冠」時期和「動態清零」的生活模式下冰山一角的「酗酒」案例而已。

喝酒後臉愈紅愈不會醉？

相信很多人都試過即使只是小酌幾口，就會跟個案中的小嫻一樣，出現滿臉通紅的情況。亦相信不少人會聽過如「臉紅代表你酒『散』得快，可以喝更多啦！」、「喝酒臉不紅，你是『酒筲箕』罷，再喝啦！」等的勸酒話，那究竟喝酒後出現臉紅，會不會真的代表你就是傳說中的「千杯不醉」、「酒筲箕」呢？

當人在空腹的情況下喝酒後，大概20％的酒精會先在胃部被吸收，而餘下的80％則主要會在小腸，尤其是在十二指腸（duodenum）和空腸（jejunum）的位置，再被完全吸收掉。若以吸收速率（absorption rate）比較而言，十二指腸和空腸吸收酒精的速率也同樣比胃部快得多。因此，坊間一直流傳說飽肚喝酒可以使人「不那麼易醉」或「不那麼快醉」，其中一個原因就是由於食物會延緩胃排空（gastric emptying）的速度，因而減慢了酒精到達小腸之後被快速吸收的情況，同時也間接令喝酒的人臉紅得慢一點，造成給人「千杯不醉」、「酒筲箕」的錯覺（註15至16）。

可是「不那麼易醉／快醉」不等於「不會醉」。事實上，喝酒之後會否出現臉紅的狀況，甚至乎會不會醉，除了與人體吸收酒精的速率有關外，也跟人體代謝酒精（alcohol metabolism），特別是排解「乙醇」的機制（elimination）息息相關。

酒醉，究竟是什麼一回事？

酒中的「乙醇」被吸收後，會隨血液循環系統快速運行至身體不同的主要器官，包括腦部、心臟、肝臟和腎臟。究竟喝酒後會「醉」得多快，又或是會「醉」到什麼程度，可算是一場腦神經系統與肝臟的角力戰！

在一般「小酌」的情況下，「乙醇」對中樞神經系統所起的作用，跟〈2.7「失寵」睡公主〉中談及的「鎮靜劑」相似。酒中的「乙醇」會通過結合大腦內的「γ-氨基丁酸型受體」（γ-aminobutyric acid receptor，簡稱GABA受體），對大腦細胞內負外正的狀態產生過極化狀態（hyperpolarization），加強靜息腦細胞膜，並降低腦細胞的活躍狀態。除此以外，「乙醇」亦會抑制大腦中的「N-甲基-D-天門冬胺酸受體 」（N-methyl-D-aspartate receptor，簡稱NMDA受體），減低中樞神經系統的活躍性。通過對刺激GABA受體，以及壓抑NMDA受體，如飲用少量的酒或低「ABV」的酒，可令人產生睡意及鎮靜情緒的感覺。正如個案中的小嫻一樣，初期以「小酌」紅酒作「和頭酒」，達到「微醺」的效果，以鎮定自己、壓抑悲憤的情緒和撫理失眠的問題。但如果「暴飲」或飲用高「ABV」的酒，大量的GABA受體和NMDA受體就會同時受到干擾，引致俗稱「發酒瘋／發酒瘟」的表現，例如胡言亂語、自制能力下降、四肢協調能力失調，甚至會出現記憶模糊以至空白的情況，即坊間所謂的「斷片」。

在「乙醇」到達腦部的同時，有更多經由小腸吸收的「乙醇」會透過血液被輸送到人體內最主要的代謝和排毒器官——肝臟。事實上，每分鐘流通至肝臟的血液，是血液循環到各人體器官之冠，也佔「心輸出量」（cardiac output，即每分鐘心室輸出的血量）約25%（附表2）。

器官	血液流量（升／分鐘）	心輸出量（%）
肝臟	1.4	25
腎臟	1.2	22
皮膚	0.9	6
腦部	0.75	15–20
腸臟	0.5–0.75	10–15
心臟	0.25	3
肌肉	0.2	15

附表2：人體各主要器官的血液流通狀況（註17至21）

故此，肝臟是排解（elimination）酒精的主要器官。90%至95%以上的「乙醇」會在肝臟被代謝（metabolism），而餘下的約5%會通過流汗、尿液和從呼吸過程中直接被排走。

當「乙醇」到達肝臟就會開始被第一種解酒酶「乙醇脫氫酶」（alcohol dehydrogenase，英文縮寫為ADH）氧化（oxidation）成對人體有害的中轉代謝物「乙醛」（acetaldehyde），隨後進一步被另一種解酒酶「乙醛脫氫酶」（aldehyde dehydrogenase，英文縮寫為ALDH）代謝成

無害的代謝物「乙酸」（acetate），以及轉化成水、二氧化碳、血糖（glucose）、酮體（ketone）、脂肪酸（fatty acid）、三酸甘油脂（triglyceride）、尿酸（uric acid）等。即使大部分的「乙醇」代謝物會經腎臟轉化成尿液排出體外，但部分仍會積存在身體內引致肥胖、脂肪肝、痛風症、糖尿病等（圖1）。

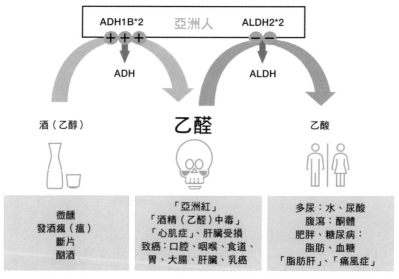

圖1：肝臟代謝酒精（乙醇）的主要機制，以及酒本身和其衍生的代謝物可引起的不良反應綜合示意圖。（註15至16；註22至24）

事實上，喝「醉」之後，初期出現的身體不適徵狀，包括臉紅、頭暈、頭痛、噁心、嘔吐、心跳加速等，都是「乙醛」積聚所致的「酒精中毒」（alcohol intoxication）徵狀（註22）。當「乙醛」持續不斷增加，更嚴重的情況，如昏迷及猝死等發生的機率也相對更高。而有「酗酒」問題的人，「乙醛」的長期積累和刺激更可能引發「心肌症」（cardiomyopathy）和肝臟受損，也增加了患上各種癌症的風險（註23）。

正如圖1所示，要有效清除「乙醇」和「乙醛」，以及它們引發的各種精神和身體反應，最佳亦是最有效的方法當然是立刻停止喝酒，令ADH和ALDH這兩種解酒酶有足夠的時間和能力將它們從血液中清除。不過，ADH跟ALDH的活躍性卻與種族和基因有關。研究顯示，亞洲人，特別是「東亞洲人」，包括中國、日本、韓國等，有90％和30％至50％的人都分別帶有「ADH1B*2」及「ALDH2*2」這兩組變異等位基因。相反，只有2％至10％的歐洲人和美洲原住民帶有「ADH1B*2」，而且他們更近乎完全不會擁有「ALDH2*2」。帶有「ADH1B*2」的人，他們的ADH解酒酶的活躍度相比起沒帶此基因的人一般會高出40至100倍！而帶「ALDH2*2」的人，他們的ALDH解酒酶的活躍度卻會下降。所以總括來説，「東亞洲人」喝酒後「乙醛」在血液中的濃度比歐美的西方人會更易和更快地急速飆升，卻又更難和更慢地被代謝成「乙酸」，導致「亞洲（臉）紅」（Asian Flushing），以及更快出現酒醉、更多和更嚴重的「酒精中毒」徵狀（註23至24）。

「酗酒」也是一種可致命的毒癮？

「酗酒」（alcoholism）在精神醫學上又稱「酒癮症候群」（alcohol dependence syndrome）或「酒精使用障礙症」（alcohol use disorder）。一項綜合分析研究報告指出，中國人患上「酒精使用障礙症」的終生患病率（lifetime prevalence）為2.5%，只稍稍略低於歐美、韓國、日本等國家。（註24至25）

據美國精神醫學會《精神疾病診斷與統計手冊》第五版〈物質相關及成癮障礙症〉所列，「酒精」（alcohol）是其中一種有充足科研數據證明能引致成癮障礙的物質。亦即表示，它跟「白粉」、「鎮靜劑」、「大麻」、「冰毒」等一樣，也可以引發「心癮」和「身癮」！至於它的成癮機制，亦跟其他可引致成癮障礙的物質相類似，故此讀者也可參考本書第一章〈為什麼我們會上癮？〉。

由於在藥理上，酒跟〈2.7「失寵」睡公主〉中的「鎮靜劑」一樣都是主要透過GABA受體在大腦中樞神經系統內發揮其作用，所以它們的成癮機制，尤其是構成「身癮」的「戒斷反應」（withdrawal）以至「戒斷型癲癇」（withdrawal seizure）也可說是同宗同源。因此，「酒精戒斷」（alcohol withdrawal）的徵狀，例如：失眠、煩躁、坐立不安、手震，焦慮、心悸、心跳加速、血壓上升、冒汗，以至比較嚴重的徵

狀如出現錯覺、幻覺、多疑及被害妄想等，也跟「鎮靜劑／安眠藥戒斷」的徵狀如出一轍。

不過，酒跟「鎮靜劑」和其他可成癮物質不同的是，酒對腦部和身體的影響，會隨着喝酒的「年資」而有所不同。首先，一個人的「酒量」的確會隨喝酒的頻密度及喝酒量的增加而有所提升。這是由於當一個人長期喝酒，大腦中樞會產生自我平衡作用，一方面會減低大腦神經細胞GABA受體的數目，另一方面會提高以穀氨酸（glutamate）和NMDA受體為主的神經通路的活躍性（註26）。此外，肝臟在長期受到「酒精」的影響下，會產生「代謝適應」（metabolic adaptation），又稱「代謝耐受性」（metabolic tolerance），令ADH的活躍度增加之餘，也會激活其他解酒反應機制，如提高代謝率、激活細胞色素P450（cytochrome P450）CYP2E1氧化作用等（註16）。再加上跟其他物質一樣，長期喝酒也同樣能引起「多巴胺」在「犒賞迴路」中出現失衡的情況。因此，綜合而言，「酒精耐受性」（tolerance）以至「酗酒」的問題也較其他可致癮的物質更易又更快發生，正如個案中的小嫻一樣，短短數月就愈喝愈多，卻又愈喝愈難醉。

諷刺的是，「酗酒」愈久，肝臟受「乙醛」的傷害而受損的程度就愈趨嚴重，患上肝炎、肝硬化及肝癌的風險也愈大。與此同時，肝臟的「解酒」能力亦因肝臟細胞受損而導致幾何級數下降。可是，大腦中樞相關的「耐受性」機制因長期「酗

酒」卻會愈見明顯。此消彼長下，患有「酗酒」問題的人不但更想喝酒和更難戒酒，出現「急性酒精／乙醇中毒」（acute alcohol intoxication）的風險也更大。所以在筆者多年的臨床經驗上會經常遇到這些長期「酗酒」的病人，因為「酒精中毒」徵狀而不斷重複住院；也會遇到不少患有嚴重「酒精使用障礙症」的病人，在不知不覺間「酒醉」多天後一覺醒來，因體內「酒精」急遽下降出現「戒斷型癲癇」而命喪黃泉的報告。

有「戒酒藥」幫助解決「酗酒」問題嗎？

首先，現時在臨床醫學上，並沒有任何認可的「解酒藥」。有些有「暴飲」或「酗酒」問題的人誤信訛傳，以「興奮劑」類型藥物如「利他林」或毒品如「可卡因」、「冰毒」來「解酒」，不但沒有醫學根據，更有不少案例因而患上「興奮劑使用障礙症」的共病狀態。因此，在此鄭重說明，到目前為止，世上只有一種「解酒藥」，那就是你我與生俱來就已經擁有的「肝臟」！

在臨床上，藥物濫用科的醫生會以患有「酗酒」問題的病人的嚴重程度和成因來制定個人化的方案，以幫助患者逐步改善「酗酒」問題，達致成功戒除酒癮的目標。

第一步，醫生會先了解有「酗酒」情況的人，看看他的「酒精使用障礙症」的嚴重程度，尤其是他現時的喝酒情況，包括常喝的酒的類型、頻率、用量和模式、「耐受性」以及

「戒斷徵狀」的嚴重度來判斷病人適合門診抑或住院模式的「脫癮療程」。整個「脫癮療程」的目的有二，一是避免患者出現可致命的「戒斷徵狀」，如高血壓、癲癇等，其次是希望防止或減低患者因經歷「戒斷徵狀」而難抵不適導致復飲的情況。一般而言，如果「酗酒」患者之前曾有嚴重脫癮的情況，有共病的情形如肝臟功能問題，其他精神病患如抑鬱症、焦慮症、思覺失調，以及明顯欠缺家人或社區支援，醫生都會建議以住院模式配上藥物輔助的「脫癮療程」。「脫癮療程」一般為二至四星期，並配以「鎮靜劑」或「抗癲癇藥物」（anti-convulsants），以每日或每數日遞減的方式來協助病人適應和脫離「脫癮狀態」。

成功擺脫「脫癮狀態」之後，才是真正的「戲肉」——防止復飲及戒除酒癮。此階段一般可包含心理治療（如在〈2.2生於幸福家庭的毒小孩〉中提到的「家庭治療」和在〈2.3我跟「K仔」做朋友〉中提過的「認知行為治療」）、自我管理及後果管理（contingency management），亦可搭配「戒酒藥物」的治療來降低飲酒頻率以及酒精攝取量。在香港和英美等地被認可作臨床應用的藥物有acamprosate（阿坎酸）、disulfiram（戒酒硫）和naltrexone（納曲酮），歐洲還多一種可應用藥物nalmefene（納美芬，英文商品名為Selincro）。「附表3」介紹了各種藥物的特性和應用。醫生會因應「酗酒」患者的身體及精神狀況來選擇最佳的藥物，以協助他們避免因「戒斷徵狀」或心癮而誘發復飲。

藥物	Acamprosate（阿坎酸）	Disulfiram（戒酒硫）	Naltrexone（納曲酮）	Nalmefene（納美芬）
每天應用劑量（mg）	333–666	250–500	50	18
劑型	口服藥片			
藥理機制	「GABA 受體」調節劑及「NMDA 受體」促進劑	「乙醛脫氫酶」（ALDH）抑制劑	「μ- 類鴉片受體」抗拮劑	「δ- 及 μ- 類鴉片受體」抗拮劑及「κ- 類鴉片受體」部分促進劑
肝臟功能異常	可應用	不可應用	不可應用於嚴重肝功能異常病人	不可應用於嚴重肝功能異常病人
注意事項	禁止應用於腎功能嚴重異常的病人（eGFR<30ml/min）	必須在最後喝酒計起十二小時後方可服用，以避免急性「乙醛中毒」	不能同時服用鴉片類止痛藥物，及必須預先在十二小時前停止鴉片類止痛藥物，以避免急性戒斷徵狀	禁止應用於腎功能嚴重異常的病人（eGFR<30ml/min）及有幻覺等類思覺失調症狀的病人

附表3：各種「戒酒藥」的臨床應用及注意事項（註27至29）

註1：　　　　「單程證」即「前往港澳通行證」，前稱「中華人民共和國前往港
　　　　　　澳通行證」，是中華人民共和國出入境管理局發給有香港或澳門親
　　　　　　屬的中國內地居民前往香港或澳門定居的證件。由於申請人在成功
　　　　　　申領證件後，需註銷內地身份並離開中國內地的定居地，故一般人
　　　　　　借此「有去無回」的特點稱這款通行證為「單程證」。而當持「單
　　　　　　程證」的內地居民，在通常居於香港連續七年後，就可以申辦香港
　　　　　　特區居留權，成為正式的「香港人」。

註2：　　　　「雙程證」即「往來港澳通行證」，前稱「中華人民共和國往來港
　　　　　　澳通行證」，是由中華人民共和國出入境管理局簽發給中國內地戶
　　　　　　籍的中國公民往來香港或澳門旅遊、探親、從事商務、培訓、就業
　　　　　　及留學等非公務活動的旅遊證件，以作「有去有回」、每次最長不
　　　　　　多於九十天的短期停留。

註3：　　　　「一週一行」為中國政府於2015年4月13日宣佈實施，將原來深
　　　　　　圳戶籍居民「一簽多行」調整為「一週一行」的措施。持「一週一
　　　　　　行」簽注人士每週一至週日只可到香港一次。當年政策的改動，
　　　　　　是由於隨着內地居民赴港旅遊人數激增，令香港（特別是新界北
　　　　　　部）面對承受能力問題，也同時衍生了水貨問題。香港特區政府
　　　　　　為了改善情況，於2014年6月向中國政府提出以「一週一行」簽
　　　　　　注來替代「一簽多行」簽注的政策，希望針對性打擊一週甚至一
　　　　　　日來港多次的水貨客活動，尤其是內地職業水貨客，以及加強特
　　　　　　區政府打擊水貨活動的成效。詳見 https://www.info.gov.hk/gia/
　　　　　　general/201504/13/P201504130759.html

註4：　　　　「東家唔打打西家」為香港常用俚語，意思是指周圍都有工作機
　　　　　　會，如果在一家公司做不來、待不下去，並不用勉強，可以跑去另
　　　　　　一家公司工作。

註5：　　　　「黑皮諾」即「Pinot Noir」，「希哈」即「Shiraz」，它們皆為釀
　　　　　　製紅酒用的葡萄品種。至於「波爾多」即「Bordeaux」，為法國最
　　　　　　大的葡萄酒法定產區。

註6：　　　　有關酒類飲品標示問題，詳見 https://www.info.gov.hk/gia/
　　　　　　general/201205/30/P201205300362.html

註7：　　　　香港特別行政區政府衞生署網頁〈你飲了多少酒（酒精單位）〉。
　　　　　　詳見 https://www.change4health.gov.hk/tc/alcohol_aware/facts/
　　　　　　standard_drink/index.html

註8：　　　　有關世界各地對「標準杯」的定義，可參考《維基百科》
　　　　　　〈Standard Drink〉一文。詳見 https://en.wikipedia.org/wiki/
　　　　　　Standard_drink

註9：　　　　在香港，酒後駕駛屬刑事罪行。根據《2010年道路交通（修訂）條
　　　　　　例》，當呼氣、血液或尿液中酒精含量超出「訂明限度」，即（i）
　　　　　　在100毫升呼氣中有22微克酒精、（ii）在100毫升血液中有50毫克
　　　　　　酒精或（iii）在100毫升尿液中有67毫克酒精，相等於約2個「酒
　　　　　　精單位」或「標準杯」，即屬違法。而酒後駕駛最高罰款為港幣
　　　　　　25,000元及監禁三年，並須記10分違例駕駛記分，停牌由六個月至
　　　　　　五年。詳見 https://www.td.gov.hk/filemanager/tc/content_182/
　　　　　　rs_bulletin_25.pdf

註10：　　　Babor, T. F., & Higgins-Biddle, J. C. (2001). *Brief Intervention.*
　　　　　　For Hazardous and Harmful Drinking. A Manual for Use in
　　　　　　Primary Care. Geneva: World Health Organization.

註11：　　　Patrick, M. E., & Azar, B. (2018). High-intensity drinking.
　　　　　　Alcohol Research: Current Reviews, 39(1), 49–55. https://www.
　　　　　　ncbi.nlm.nih.gov/pmc/articles/PMC6104968/

註12：　　　Department of Health, The Government of the Hong Kong
　　　　　　Special Administrative Region (2013). *Action Plan to*
　　　　　　Reduce Alcohol-related Harm in Hong Kong. https://www.
　　　　　　change4health.gov.hk/filemanager/common/image/strategic_
　　　　　　framework/alcohol_action_plan/action_plan_e.pdf

註13：　　　Centre of Health Protection, Department of Health, The
　　　　　　Government of the Hong Kong Special Administrative
　　　　　　Region (2016, April). Drinking Pattern–Binge Drinking.
　　　　　　Health Survey and Report. Retrieved from https://www.chp.
　　　　　　gov.hk/en/statistics/data/10/280/6631.html

註14: 〈Dr.東：疫情下飲酒人數急升 學者稱「飲酒抗疫」屬謠言〉2021年2月1日《東方日報》「港澳版」。詳見 https://hk.on.cc/hk/bkn/cnt/news/20210201/bkn-20210201060250508-0201_00822_001.html

註15: Paton, A. (2005). ABC of alcohol. Alcohol in the body. *BMJ, 330*, 85–87.

註16: Cederbaum A. I. (2012). Alcohol metabolism. *Clinics in Liver Disease, 16*(4), 667–685. https://doi.org/10.1016/j.cld.2012.08.002

註17: Calzia, E., Iványi, Z., & Radermacher, P. (2005). Determinants of Blood Flow and Organ Perfusion. In: Pinsky, M. R., Payen, D. (Eds.). *Functional Hemodynamic Monitoring. Update in Intensive Care and Emergency Medicine, 42*. Springer, Berlin, Heidelberg. https://doi.org/10.1007/3-540-26900-2_3

註18: Granger, D. N., & Kvietys, P. R. (2004). Circulation, Overview. In Johnson, L. R. (Ed.). *Encyclopedia of Gastroenterology* (pp. 351–355). https://doi.org/10.1016/B0-12-386860-2/00778-4

註19: P. Laizzo. (2021). Physiology Tutorial, Cardiovascular Function. *Atlas of Human Cardiac Anatomy*. Retrieved from http://www.vhlab.umn.edu/atlas/physiology-tutorial/cardiovascular-function.shtml

註20: Lautt, W. W. (2009). *Hepatic Circulation: Physiology and Pathophysiology*. Retrieved from https://www.ncbi.nlm.nih.gov/books/NBK53069/?report=reader

註21: Xing, C. Y., Tarumi, T., Liu, J., Zhang, Y., Turner, M., Riley, J., Tinajero, C. D., Yuan, L. J., & Zhang, R. (2017). Distribution of cardiac output to the brain across the adult lifespan. *Journal of Cerebral Blood Flow and Metabolism, 37*(8), 2848–2856. https://doi.org/10.1177/0271678X16676826

註22： Wallner, M., & Olsen, R. W. (2008). Physiology and pharmacology of alcohol: the imidazobenzodiazepine alcohol antagonist site on subtypes of GABAA receptors as an opportunity for drug development? *British Journal of Pharmacology, 154,* 288-298.

註23： Seitz, H. K., & Stickel, F. (2010). Acetaldehyde as an underestimated risk factor for cancer development: role of genetics in ethanol metabolism. *Genes & Nutrition, 5,* 121-128. https://doi.org/10.1007/s12263-009-0154-1

註24： Lee, H., Kim, S. S., You, K. S., Park, W., Yang, J. H., Kim, M., & Hayman, L. L. (2014). Asian flushing: genetic and sociocultural factors of alcoholism among East Asians. *Gastroenterology Nursing, 37*(5), 327-336. https://doi.org/10.1097/SGA.0000000000000062

註25： Cheng, H. G., Deng, F., Xiong, W., & Phillips, M. R. (2015). Prevalence of alcohol use disorders in mainland China: a systematic review. *Addiction, 110,* 761-774. https://doi.org/10.1111/add.12876

註26： Valenzuela, C. F. (1997). Alcohol and Neurotransmitter Interactions. *Alcohol Health and Research World, 21*(2), 144-148.

註27： Nalmefene Summary of Product Characteristics. https://www.ema.europa.eu/en/documents/product-information/selincro-epar-product-information_en.pdf

註28： Acamprosate Alcohol Abstinence Aid. (2011). Mylan Pharmaceuticals ULC. https://pdf.hres.ca/dpd_pm/00014184.PDF

註29：　　《踢酒攻略》（2015）。青山醫院。https://www3.ha.org.hk/ntwc/
　　　　　pep/2015/16.pdf

註30：　　Leggio, L., & Lee, M. R. (2017). Treatment of Alcohol
　　　　　Use Disorder in Patients with Alcoholic Liver Disease.
　　　　　The American Journal of Medicine, 130(2), 124–134.
　　　　　https://doi.org/10.1016/j.amjmed.2016.10.004

2.9
按「讚」就夠了嗎？

「鍾醫生，既然你不能否定的確有人可以當YouTuber（即在線上頻道YouTube投稿的影片創作者）、blogger（即博客），又或者做Twitter、IG（即Instagram）、FB（即Facebook／「臉書」）的KOL（註1）、微博網紅等成為名人，又紅又賺大錢，那為什麼你跟我的爸媽、社工一樣，硬要説我有問題、有病要來精神科求醫呢？」十八歲的中學六年級重讀生阿銘邊滑手機邊爭辯着。

「那你自己認為呢？你覺得你和那些KOL或blogger有什麼分別？」今天，我不但沒有像平常一樣要求就診的病人依從診所的告示，盡量避免使用手機，反而靜靜地觀察着熟練地用雙手操控着手上兩部智能手機和一部平板電腦的阿銘。他左手抑揚，右手徘徊，輕撥着IG、FB的畫面；然後抑按藏摧，雙手如游隼般俯衝滑翔翻飛（註2）。不得不承認，真的有點佩服他的神速「秒回」和「按讚」手技。

只顧望着幾個畫面的阿銘，沒有即時回答我的提問。等了大概十多分鐘，他好像終於意識到我的「存在」和佇候，回過神來説：「分別在於我還不夠多『Like』！所以我才要

機不離手。我必須更新得夠快，要時刻留意着那班followers（即「追隨者」）的反應、留言和對我的觀感，才能突圍而出。其實就像你們醫生一樣，講『口碑』，所以我也不能令我的followers失望！而寫下負評的人，是絕對不能原諒的！那些『酸民』憑什麼批評我！」説到這裏，之前的「輕撥翻飛」突然換成「少林派大力金剛指」。阿銘滿臉通紅，有點按捺不住他那份略帶激動的情緒。事實上，阿銘對於社交媒體的執著始於兩年前的一個平平無奇的晚上……

　　兩年前的阿銘，像很多時下的年輕人一樣，閒時喜歡上網打電玩、玩網遊，睡前喜歡滑滑手機、上FB、IG和看YouTube。或許都像你我現在一樣，他分享到IG和FB的，多是一些生活照片和逸事，偶爾也會轉載一些有趣的連結、YouTube等。雖然算不上是「宅男」，但阿銘天生就不是那種「人見人愛，車見車載」的網紅類型 (註3)，所謂的「追隨者」、「朋友圈」都不過是自己的家人、幾個比較要好的同學，以及電玩上那幾個只限於網上聚頭的「朋友」。阿銘為了要比那班「朋友」在網遊中贏得更高排名，他偶然也會自創一些特別的網遊或手遊技巧和攻略，然後分享到自己的FB和IG，加上「#」(註4) 標註遊戲，希望可以在社交網站上吸引更多志同道合的「朋友」，並贏得現實生活中絕無僅有的「讚」。可惜，很多時候都只是「襄王有夢」，被按「讚」的貼文或照片依然寥寥可數。

中學五年級的某個晚上，阿銘一如以往的把剛「鑽研」好的網遊攻略貼在FB和IG，加上慣用的話題標記（hashtag）「#升級攻略」，再附加標籤那個受歡迎程度數一數二的網遊，然後就直奔床上，抱頭大睡。不知是皇天不負有心人，抑或只是誤打誤撞歪打正着，那篇貼文竟然給那遊戲的其中一個公司創辦人分享到他的個人FB上，還誇讚地特意加上「#超酷」的標記。雖說不上是一夜爆紅，但阿銘「FB好友」和「IG追隨者」的數目竟就一夜破百！單單那篇遊戲攻略貼文就已經有三、四百個「Like」！「早上打開FB的一刻，真的是呆住了。除了有難以置信的感覺外，那一刻還像有些什麼的直沖上腦袋，又亢奮又飄飄然……真的很懷念那一刻那種血脈賁張的感覺！那夜之後，有些以前和我並不熟絡的同班同學也開始主動和我攀談。而那些加我FB好友的，除了我自己學校的同學，還有鄰校中學的學生、遊戲界高手，更有一些外國YouTubers！之後好一陣子，每當我看到攻略、貼文的「Like」過百，或是「追隨者」上升，我都會有種莫名的興奮感。相比爸媽、老師稱讚自己，那些充其量都只是一陣『開心』的感覺，跟那獲『讚』的興奮感相比，簡直是判若雲泥！」阿銘難掩激奮之情地說着。

　　之後，為了維持那份網絡世界的高「人氣」，阿銘花在社交網站和網遊上的時間愈來愈長 —— 有時廢寢忘餐，有時日夜顛倒，更有時徹夜不眠。他一邊忙於要去玩、去挑戰更多不同的線上遊戲來試着鑽研更多攻略，另一邊也忙着去發掘

他覺得有趣的連結來分享；當然，他也開始每天把自己拍下又覺得有趣的照片和自己的「帥」照廣貼在自己的社交網站平台上。可惜，說到底，阿銘只是一名學生，該貼的、該分享的很快就已經貼過也分享過了。所以有時貼無可貼，他竟然連言之無物的攻略、雞毛蒜皮的生活瑣碎事、平平無奇的照片……統統都分享在自己的FB和IG上。事實上，從阿銘更新自己社交網站貼文的頻密程度來觀察，不難發現他以前抱持寧缺勿濫的取態，已經變成寧濫勿缺的病態式分享；他在意和緊張給「Like」的人數和「追隨者」的增減，而不是貼文的質素。結果，貼在FB和IG的帖子不但沒有為他換來更多的「讚」，相反換來更多的「嬲」。更有些「酸民」直言攻略如廢物，又圖文並茂指他的攻略有抄襲之嫌，更甚的是有些留言會用上非常不友善以至人身攻擊的字詞批評他的分享和個人照！然後，牆倒眾人推，漸漸有不少人取消追蹤阿銘的社交網站。這種種使阿銘更不甘心，除了和「酸民」掀起罵戰，也為了鞏固「人氣」，他開始曠課、裝病、逃學來換取更多時間上網。

結果，不出一年，阿銘課堂上的表現和成績已經大不如前。當時，阿銘的爸媽也開始注意到，若然再不插手阻止，阿銘很有可能考不好公開試，也升不了大學，所以他們開始限制他上網的時間。不過，兵來將擋，水來土掩，阿銘開始編出各種謊言，例如說學校要求網上學習、交報告，或是捏造學校假期、課外活動時間表之類的來掩飾他待在家或待在

外持續玩網遊和上FB、IG的事實。有幾次，他被爸媽當場逮個正着，他爸媽於是將限制行動升級，包括把他的手機和平板拿走、把他的桌上電腦鎖死、扣起他的零用錢、取消家中的Wifi服務和不支付他巨額的流動電話網絡服務費。可是，換來的不是立竿見影式的改善，而是暴跳如雷式的反彈！粗言穢語大吵大鬧已是小事，阿銘連家中的玻璃飯桌、鏡子、椅子也給打破過；他甚至試過用「鎅手」、「絕食」，以至爬窗企跳來要脅他爸媽交回手機、平板和電腦，以及恢復他的網路服務。他爸媽無計可施，也只好先繼續就範，而阿銘也就更變本加厲，在剛過去的中學六年級的整整一年，上課的日數竟然連三十天也不到。學校方面已表明，如果阿銘再不接受社工介入或治療，別妄想能拿到畢業生的資歷。可這次苦惱的卻不是阿銘，是他進退兩難、舉步維艱的父母。

這種按「讚」人生，你，想要嗎？

有「社交媒體成癮障礙症」這個病嗎？

雖然互聯網、網絡／線上遊戲、手機遊戲，以至網上社交平台／媒體已經大行其道足足二十年，它們甚至一度被形容為「電子毒品」、「精神鴉片」(註5)，但到目前為止，就各種跟互聯網絡相關的行為會否引致「成癮」，甚至它們本身會否構成獨立的一種精神疾病，醫學界還未能達到一致的共識。

2013年，美國精神醫學會發表用上了長達十年時間研究和更新的《精神疾病診斷與統計手冊》第五版（簡稱DSM-5），當中把「網絡遊戲障礙症」（Intenet Gaming Disorder）放到〈有待未來研究的情況〉的篇章內，並以「物質相關及成癮障礙症」中診斷「成癮障礙症」的準則為藍本，構建成「網絡遊戲障礙症」的建議診斷準則（註6）。當時有不少學者就指出，與「物質成癮障礙症」相比，基於「網絡遊戲障礙症」引起「身癮」的兩個關鍵徵狀：「戒斷反應」（withdrawal）和「耐受性」（tolerance），一般都來得短暫、不明顯，而且也有可能因不同的遊戲種類，令「身癮」出現時，有着各式各樣的表現和深淺度上的差異。因此，他們提醒將來在訂定相關診斷準則時必須小心行事，以避免污名化（stigmatize）網絡遊戲參與者和不合理地病理化（pathologize）參與網絡遊戲的行為，造成過度診斷的風險（註7）。

　　2021年，世界衛生組織更新沿用了差不多三十年的《國際疾病分類》（*International Classification of Diseases*）第十次修定本，並發表第十一次修定本（簡稱ICD-11）。ICD-11的疾病分類內唯一與網絡世界有關，而又有被正式納入在第六章〈精神、行為或神經發展障礙〉中〈成癮行為所致障礙〉篇的，最終也只得「6C51.0遊戲障礙，線上為主」（Gaming Disorder, predominantly online）（註8）。

　　故此，直到現在，在精神科的領域上，還沒有專門為「上

網」或「社交媒體」（social media） 成癮行為，設有度身訂製、統一而又受世界各地認可的診斷準則；也就是說，「社交媒體成癮障礙症」這個「病」暫時並不存在。

你玩「社交媒體」抑或「社交媒體」玩你？ 一場「成王敗寇」的博弈。

即使「社交媒體成癮障礙症」還未被納入成為認可的精神病患，但像個案中阿銘的那份必須要被「按讚」的執著，那股對社交媒體的瘋狂，以及那種不顧學業、脫離現實生活的態度，也很難不令人懷疑他有「成癮」（addiction）的偏向。事實上，自Facebook的興起，世界各地的專家就開始對網路上各式各樣的社交媒體作針對性的研究。在這些研究中，關於「成癮」的包括有德國針對Facebook的「臉書成癮症」（Facebook Addiction Disorder）(註9)，塞爾維亞、意大利和馬來西亞針對Instagram的「Instagram成癮」（Instagram Addiction）(註10至12)，其他的還有加拿大和澳洲對Twitter和Instagram有關「自殺／自殘行為」的研究等(註13至14)。

有趣的是，這些研究的結果也不是一面倒的把這些社交媒體定性為「牛鬼蛇神」。

綜合來說，有自戀型人格，或是偏重社交需要和着重別

人認同感的用家，有較高機率出現社交媒體「成癮」。但「成癮」後，又可以出現兩種截然不同的後續情況：一方面它可以引發抑鬱、焦慮的徵狀，導致失眠和減少睡眠時間，以及影響學業成績，甚至令用家更容易成為網絡欺凌的受害人；這就如個案的主角阿銘一樣，情緒、睡眠及學業受影響之餘，也受盡「網絡酸民」的攻擊。但另一方面，有少數的用家，在孤獨感和害羞感上卻得到改善，有時還會幫助他們得到下線後的發展社交的機會。（註9至12、註15）

而在社交媒體對「自殺／自殘行為」影響的研究上，也有類近的雙向性發現：如果貼文內容把自殺或自殘行為詳細描述，形容它們為無可避免的事實，或浪漫化、感性化自殺過世者，就有增加閱讀此類貼文者的自殺或自殘行為的可能性；相反，若然貼文內容將這些行徑形容為悲劇性、不理性、不理想，或可防止、可避免的行為，則有助減低其可能性。（註13至14）

由此可見，如果用家能靈活運用這些網絡社交媒體，則能成之為王；反之，如果是用家給網絡社交媒體牽着鼻子走，則只能敗之為寇。

「社交媒體成癮？沒零用錢、沒網絡，不就自然可以『斷癮』了嗎？！」—— 家長們的迷思

很多家長在應付子女社交媒體「成癮」的問題時，往往會如個案主人翁阿銘的父母一樣，先是從「硬件」（即電腦、平板和智能手機）入手，以限時、限用作為第一招；失敗後就加上「軟手段」，以限（流）量、限下載，和停止網絡服務作為第二招。如果仍不奏效，就會動用「殺手鐧」—— 停發零用錢！這些招數，一般來說都能發揮短暫作用，但效果不會長久，有的更會迎來像阿銘那種激烈的反彈，令家長們黔驢技窮，束手無策。

要幫助這群年輕的網絡社交媒體成癮族，首先要了解當中的成癮機制。

青少年在成長時期，會透過不同方法來獲取同輩的認同以建構「社交自信」（social self-esteem）。恰巧，網絡社交媒體就為他們提供了一個擴闊社交圈子、增加知名度和確立自己在朋輩之間認同感的平台。他們會以自己的貼文所得到的「讚」和留言數目來肯定自己在朋輩中的地位以至影響力。這種從網絡虛擬世界裏空降下來的「讚」，對外向和「社交活躍型」的青少年來說，既能提升他們的「社交自信」，也增強了他們持續使用社交媒體的動機，同時亦體現了「社交提升定律」（Social Enhancement Theory）中所

解釋的 —— 為何在現實世界中受歡迎的年輕人也愛用網絡社交平台的現象。而對於那群如阿銘一樣比較內向、容易出現社交焦慮和難於與別人建立友誼的青少年來說，這種在現實生活中難得的「讚」，就如天降甘露、雨後春筍，使得他們更緊貼着網絡社交媒體；也正如「社交補償定律」（Social Compensation Theory）解説般，令他們更要依賴這些平台去彌補現實中的社交缺陷，從而建立另類「社交」，以確定自己在朋輩中的位置。（註16）

　　可是，不管「提升」也好，「補償」也好，在人類的大腦看來，「讚」就是一種會使人愉悦的「物質」，足以令大腦中樞的「多巴胺」（dopamine）提升，繼而刺激「犒賞迴路」（reward pathway）系統，將受「讚」的喜悦、期待受「讚」的慾望和受「讚」的點滴記憶，形成強烈而緊密的關聯性，也慢慢的由「讚」育成「癮」。而當這網絡社交媒體「成癮」的機制一旦成形，用家就很自然的會如個案中的阿銘一樣呈現〈1.3行為成癮〉中「行為成癮者」的六大特徵：視「讚」如命（salience）、無「讚」不歡（mood modification）、「讚」極不夠（tolerance）、缺「讚」難安（withdrawal），有時甚至為「讚」犯禁（conflict），重複不斷的為「讚」而「傷」——傷學業、傷家庭、傷身心，甚至不斷地故態復萌（relapse）！（註17）這不同樣跟之前的個案中描述「吸毒成癮」的過程相類似嗎？這種種對大腦功能還在持續發展的青少年在生理和心理的影響，就自然更深、

更廣、更持久。所以，將這些網絡社交媒體形容為「電子毒品」、「精神鴉片」，事實上也並非全為無病呻吟、欲加之罪的指控。

由此可見，如果單純像阿銘父母般以「受限」模式的「行為規範法」（behavioural restriction）來處理青少年對網絡社交媒體成癮的問題，而忽略了解他們背後所需要的社交發展、在現實生活中所欠缺的社交生活和朋輩的認同感，就只會落得「事倍功半」的下場。所以，在診治的過程中，精神科醫生一般會協助和鼓勵家長及有網絡社交媒體成癮問題的子女增加了解與溝通。過程中，醫生會幫助家長去拆解上了癮的子女在「按『讚』世界」裏已經被扭曲了的自我價值觀和對「社交」一詞的認知。舉例說，醫生會讓家長和子女先以非批判性（non-judgemental）的態度一起探討以下話題：「網友＝朋友？」、「只有給『讚』的才算是朋友？」、「按『讚』有社交成本嗎？」、「不按『讚』的你和沒獲『讚』的你就不需要被尊重、不值得被欣賞和被喜歡（unlovable）嗎？」、「『讚』愈多真的愈快樂嗎？」、「『讚』不夠多就等於你是朋輩中的失敗者？」、「你『讚』過的，或給你按過『讚』的數十、數百人中，你還記得他們是誰嗎？」、「走在街上時，你憑藉那小圓框的自介照片，就能認出那就是你按過『讚』或給過你『讚』的人嗎？」，等等。然後，醫生會鼓勵和引導家長以接受（acceptance）、持開放態度（open-mindedness）和非責備式（non-critical）的方式去理解、

陪伴和鼓勵他們的子女去分享自己的社交媒體內容。與此同時，醫生亦會透過「家、教」互助的力量，連繫家長、子女與學校，適當地協助他們有網絡社交媒體成癮問題的子女建立及融入現實生活中的社交圈子，例如了解他們在學校內可能面對的社交問題，留意他們的興趣和長處，以及校外的交友情況和方式。當然，精神科醫生亦會注意那些求診的孩子的情緒，有沒有出現如個案中阿銘的情緒問題，或有否因社交媒體成癮而衍生出抑鬱、社交焦慮、焦慮等症狀，以對症下藥。

在二十一世紀的今天，網絡已經與日常生活不可分割，而網絡社交媒體和平台，就像昔日我們阿公阿嫲的茶寮、茶餐廳，像我們老爸老媽的戲院、「荔園」，像你和我的「網吧」、「出奇老鼠」、海洋公園，只要好好利用它（們），你們孩子的社交圈子和潛能，也許能遠遠超出你們的預期，好好理解和幫助上了癮的孩子們吧！

註1： 「KOL」一般認為是「Key Opinion Leader」的縮寫，即「關鍵意見領袖」。但也有人認為它可以是代表「King of Likes」的縮寫。詳見 https://hk.appledaily.com/entertainment/20170328/IZAFDHC5JTUDZXCFFZZNN3NXK4/

註2： 文中「左手抑揚，右手徘徊，輕撥着IG、FB的畫面；然後抑按藏摧，雙手游隼般俯衝滑翔翻飛」原句應為「他左手抑揚，右手徘徊，輕撥着天河兩岸的星輝。然後抑按藏摧，雙手游隼般俯衝滑翔翻飛。」（節錄自黃國彬先生的新詩《聽陳蕾士的琴箏》）

註3： 香港俗語，意思指只要是俊男美女都自然得人喜歡，去到哪裏都自然的受歡迎。

註4： 「#」這符號代表英文「hashtag」，即主題標籤或話題標記的意思。據《香港網絡大典》的闡述，「#」原用於電腦程式編寫時以分隔與程式語言無關的內容。後來，各個社交媒體平台將「#」附上超連結功能，用戶只需按下緊接「#」後的字串，即可搜索所有加了該主題標籤的相關訊息。詳見 https://evchk.wikia.org/zh/wiki/Hashtag

註5： 「電子毒品」和「精神鴉片」原見於2021年8月3日刊登在中國內地的《經濟參政報》，題為〈「精神鴉片」竟長成數千億產業——業內人士提醒，警惕網絡遊戲危害，及早合理規範〉一文。但後來疑因用語存在敏感性，故文章同日被下架，而再上架時兩語已經被刪除。詳見 https://www.hk01.com/宏觀解讀/660358/精神鴉片-或-千億產業-差別只在一念之間

註6： 《精神疾病診斷與統計手冊》第五版（英文全名為*Diagnostic and Statistical Manual of Mental Disorders Fifth Edition*，簡稱*DSM–5*）。American Psychiatric Association原著。徐翊健等譯。合記圖書出版社。2018/19。ISBN 978-986-368-194-6。

註7： Dullur, P., & Starcevic, V. (2018). Internet gaming disorder does not qualify as a mental disorder. *Australian and New Zealand Journal of Psychiatry, 52*(2), 110–111.

註8： World Health Organization. *International Classification of Diseases 11th Revision (ICD-11)*. Retrieved from https://icd.who.int/en

註9： Brailovskaia, J., & Margraf, J. (2017). Facebook Addiction Disorder (FAD) among German students—A longitudinal approach. *PLoS ONE, 12*(12), e0189719. https://doi.org/10.1371/journal.pone.0189719

註10： Jovic, J., Ćorac, A., & Ignjatović-Ristić, D. (2019). Correlation between Instagram addiction and the symptoms of depression, anxiety and stress. *European Neuropsychopharmacology, 29*(6), S316–S317. https://doi.org/10.1016/j.euroneuro.2019.09.459

註11： Longobardi, C., Settanni, M., Fabris, M.A., & Marengo, D., (2020). Follow or be followed: exploring the links between Instagram popularity, social media addiction, cyber victimization, and subjective happiness in Italian adolescents. *Children and Youth Services Review, 113*,104955. https://doi.org/10.1016/j.childyouth.2020.104955

註12： Ponnusamy, S., Iranmanesh, M., Foroughi, B., & Hyun, S. S. (2020). Drivers and outcomes of Instagram Addiction: psychological well-being as moderator. *Computers in Human Behavior, 107*, 106294. https://doi.org/10.1016/j.chb.2020.106294

註13： Picardo, J., McKenzie, S. K., Collings, S., & Jenkin, G. (2020). Suicide and self-harm content on Instagram: A systematic scoping review. *PloS ONE, 15*(9), e0238603. https://doi.org/10.1371/journal.pone.0238603

註14： Sinyor, M., Williams, M., Zaheer, R., Loureiro, R., Pirkis, J., Heisel, M. J., Schaffer, A., Redelmeier, D. A., Cheung, A. H., & Niederkrotenthaler, T. (2021). The association between Twitter content and suicide. *Australian and New Zealand Journal of Psychiatry, 55*(3), 268–276. https://doi.org/10.1177/0004867420969805

註15： Bhat, S., Pinto-Zipp, G., Upadhyay, H., & Polos, P. G. (2018). "To sleep, perchance to tweet"：in-bed electronic social media use and its associations with insomnia, daytime sleepiness, mood, and sleep duration in adults. *Sleep Health, 4*(2), 166–173. https://doi.org/10.1016/j.sleh.2017.12.004

註16： Zywica, J., & Danowski, J. (2008). The faces of facebookers: investigating social enhancement and social compensation hypotheses; predicting facebook and offline popularity from sociability and self-esteem, and mapping the meanings of popularity with semantic networks. *Journal of Computer-Mediated Communication, 14*(1), 1–34.

註17： Griffiths, M. (2005). A 'components' model of addiction within a biopsychosocial framework. *Journal of Substance Use, 10*(4): 191–197. https://doi.org/10.1080/14659890500114359

2.10 忘了？忘不了！

「鍾醫生，這八盒VHS卡式錄影帶(註1)內的是第一代《龍珠》動畫呀！悟空、笛子魔童、龜仙人……唱的是首發版主題曲呢，比張崇基、張崇德那版本還要早發行……都是經典……都是我的珍藏，有錢也未必買得到呀！」家烜一邊牢牢的緊握着一盒連磁帶都長滿了白色茸毛的錄影帶，一邊死盯着放在診症桌上另外那幾盒連外包裝都已經灰黃霉爛的影帶，佇立在我預先準備好的大垃圾桶旁抗議着說：「你現在還要我將它們逐一掉進垃圾桶裏，怎麼可能？它們才不是我爸口中所講的『垃圾』啊！」

我不疾不除的走向家烜身旁，踩下那垃圾桶的腳踏開關器，示意他說：「雖然你説那些都是『經典』，但是，你還有印象上次播VHS來看是什麼時候嗎？你又為什麼會讓你的『珍藏』給霉菌在無聲無息之間鵲巢鳩『居』呢？事實上，這些連磁帶都已經發霉的錄影帶還能播放嗎？你家中的那幾部VCR錄影機，有哪一部是還能起動、還能正常操作的呢？」沒錯，這次覆診的重點，正是「如何掉『垃圾』」！

眼前的家烜是土生土長的香港人，剛滿三十八歲，皮膚

白皙，高約1.75米，中等身材。他每次來覆診都穿着齊整，不是白色襯衫配西褲黑皮鞋，就是格仔襯衫配搭牛仔褲，驟眼看真的長得有點像電影《玻璃之城》中那衣冠楚楚的許港生。跟你我一樣，中、小學時期的家烜喜歡《龍珠》、《美少女戰士》，追「無綫」劇集，看《明珠930》，大學時迷「日劇」、木村拓哉、松隆子，聽鄭秀文、陳奕迅、周杰倫、宇多田光、安室奈美惠……他畢業後，就依爸媽的建議考進了公營機構內的「IT」部門（即科技資訊部門）當程式編寫員，到現在快將十五年了。他形容自己為一名「宅男」——「放工、放假我就喜歡閰在家上網、看YouTube。朋友嗎？以前算是有一個『知己』會相約行山、打籃球，不過自從他結婚及生了小孩之後，我也不好意思打擾他；上次看到他時，也是在我爸的喪禮上。當然，過年過節，我們還是會互傳短訊問候一下。我也交過一、兩個女朋友，但最後都無疾而終，所以這幾年我選擇『不要驚動愛情』（註2），也算是挺自由自在的。」

家烜是家中獨子，自小和父母同住，但他的爸爸和媽媽前幾年都相繼過世了。這兩年來，家烜就自己一個人住在他父母早年購入又繳完房貸的一個五百多呎、兩廳兩房的私人住宅單位。對於絕大部分的香港市民來說，單單不用當「樓奴」這一點，就已經是夢寐以求的生活。不過，我想是連他自己或黃泉下的父母也沒想過，這套羨煞旁人的房子，卻是他要來看精神科的致病原。

回想起第一次看到家煊用手機所拍攝、有關他家中實況的照片和影片時，我還以為自己在參觀一間「劏房」……

客廳和飯廳，不管是餐桌、餐椅，又或是沙發、茶几上，統統都擺放着一綑一綑又層疊層的如他一樣高的紙品。除了報紙和雜誌之外，也有茶餐廳外賣紙、茶樓點心紙、補習社傳單、外國樓盤廣告書、地產公司和百貨公司特賣場的宣傳單張等。此外，更有十多個大尺碼的紅白藍塑膠袋遍佈地板和角落，內裏塞滿了大大小小的包裝盒，還有政府發出的稅單、地租差餉繳費通知單、銀行對賬單、信用卡月結單，甚至有過去兩、三屆那些立法會和區議會候選人的宣傳品……總之，只要稍不留神，不是會中「頭」獎，就是會「躂生魚」。

順利過了那兩關之後，接下來就得像走在長洲的「張保仔洞」(註3)內探險一樣，必須要側着身穿過兩旁由幾幢架得高高的塑膠箱築城的狹窄走廊，方可走到後面的廚房、廁所和睡房。沿路的那十多個「寶箱」內，不單有被他視為「經典」、「珍藏」的上百盒已經發霉的錄影帶、卡式錄音帶和生了鏽的MD(註4)，還有十多二十台連外殼都已經掉漆生鏽的VCR錄影機，和連啟動按鈕都啡黃凹陷的卡式錄音機及「MD Walkman」。不過，當中有幾箱，裏面的東西卻相對特別——有兩、三箱裝滿上百包新簇簇的、由香港其中兩間發鈔銀行每年贈送給客戶過農曆新年的「利是封」，有兩箱裝着大概十五台外置硬碟機、數十隻「USB手指」和廿多張「SD card」，最

後一箱則是放滿了大大小小、發了黃的透明塑膠文件套和卡片套。更有趣的是，這幾箱內的物品都不是「古董」，它們絕大部分不但連包裝都還沒拆開，有的上面還黏着清晰的價錢貼。

本以為走到窄廊的盡頭應該會是「柳暗花明又一村」，畢竟三餐要靠廚房，三急要靠廁所，三更半夜就要靠睡房。可是，眼前的廚、廁、臥所呈現的，卻又是一片「屋漏偏逢連夜雨，船破又遇頂頭風」的氛圍。廚房的地板堆滿了各式各樣、不同大小的砂煲罌罉、碗碟、食具。驟眼看它雖然有點像售賣廚具的雜貨店，但不同的是，當中有幾件特別殘舊，明顯有被用過多年的痕跡；而一般家庭必備的廚房電器，如微波爐、多士爐、電飯煲、電熱水壺等，不止一應俱全，更是好事成雙，甚至成三！至於廁所內，除了馬桶和那剩餘不足兩平方呎的淋浴空間能獨善其身外，其他空間都給大大小小的塑膠面盆、塑膠桶、無數的清潔劑、地拖、通渠泵，以及十多盒連包裝盒都長了霉斑但又還未拆開的花灑頭和坐廁板攻佔了。對於接下來要「參觀」的兩間睡房，我已經不敢再多存幻想⋯⋯

家烜先展示他自己那面積不足五十平方呎的睡房。果然，碌架床的上層佈滿大大小小、跟客廳同款也同樣裝滿各式紙張的紅白藍塑膠袋，還有數十個已經洩了氣的真空收納袋，以及估計原本是收納在真空袋裏面的衣服、幾張棉被及六、七個一塊黃一塊黑的枕頭；下層比較理想，因為至少能讓他躺平或偶爾翻翻身。房內還有三枱灰塵滿佈的桌上電腦、數個鍵盤和滑

鼠；地上也放了兩個有裂痕在上面的電腦顯示屏幕，還有數個藍色、黑色的大尺寸手提袋。至於衣櫃……家烜只把鏡頭快速帶過，估計應該也非什麼「淨土」了……

「另一間睡房呢？」我好奇的問正在把手機影片關掉的家烜。「那是我爸媽的房間，上鎖了，不方便拍攝……」家烜異常冷淡的回應：「反正你剛才看到的，已經足夠了。不過，事先聲明，那些你看到的都不是『垃圾』。」我打蛇隨棍上，反問：「但那幾疊是2016年的《太陽報》跟2018年的《東方日報》啊！上面好像還有『書蟲』呢！還有那一綑應該是已經停刊了好幾年的《YES！》和《東TOUCH》雜誌吧？另外，《PC Weekly電腦週刊》不是早於2008年就已經停刊了嗎？那些包裝盒、候選人宣傳單張……我猜絕大部分人都會認同，即使它們不是『垃圾』，也是理應一早就給拿去資源回收的廢紙罷。」然後，我又半信半疑的續問「IT界」的家烜：「那些銀行信件……現在不是可以改用網上銀行來瀏覽及下載電子版本的月結單或通知書嗎？那些舊報紙、舊雜誌不是同樣地有網上閱覽版嗎？」

家烜續用「專業」的口吻向我解釋說：「對呀，就是因為我從事IT行業，所以更深明數碼化的危機與問題！萬一銀行、報社等的伺服器失靈又或是給駭客惡意入侵，資料庫內的檔案不單會流失，甚至乎可以給惡意破壞及竄改。當中最受影響的，必然會是我們這些小客戶，到時候我們也真的只能

『WannaCry』了！(註5) 儘管我知道金融機構有什麼資料儲存守則，以及規範和完善重要資料的保存方式，甚至會分開不同地方設立數據庫存放資料檔，但始終不是絕對安全。再加上現時幾乎所有銀行都只提供過去一年的月結單給有使用網上銀行的客戶下載，萬一我將來要申請什麼貸款、要超過一年的收入證明或財務資料，我還必須要額外付費及親身到銀行辦理手續才能申領回舊的月結單，那不是既費時又費錢嗎？總之不怕一萬，只怕萬一，依我個人看，即使只是千萬分之一的可能，最安全的方法就是先留下那些紙本備份。更何況那些報紙、雜誌就是因為都已經停刊了，是絕版呢，所以才珍貴！而且，以前我爸媽最愛在上茶樓飲茶時邊吃邊看《太陽》、《東方》。有時候，他們還會因嘗試着要說服對方只買其中一份報紙而吵起來，那些時候我也必得上場來當個『和事佬』。」

家烜突然垂下頭來，靜默了片刻，聲線略帶沙啞的說：「我媽就在《太陽報》停刊前的那個大除夕遇上交通意外離開了。隔天，她最愛的《太陽報》也報道了那宗新聞。我爸就從那天起停買了《東方日報》；一日復一日，那幢《太陽報》也開始給堆疊起來了。直到我爸兩年前突然腦中風住院，我就每天改買一份《東方》到醫院讀報給他聽，再把報紙帶回家，因為以我爸的性格，一定會想在醒來之後，親自尋回消失的記憶。只是，誰猜到他再沒機會回家了……」家烜眼眶紅起來的同時，我霎時明白那些佇立在他家良久的過期日報、那套年輕時和爸媽一起看過的VHS《龍珠》動畫、那些簇新的「利是

封」和那鏡頭後被上鎖的房間，實際上是封存着家烜每天對雙親的思念與回憶。

在往後到診所覆診的日子裏，家烜都習慣預先列出「收藏」清單（如圖1），再慢慢訴説給我知為什麼他那些「寶貝」一件都不能少。

事實上，他之所以不斷重複購買和搜羅類似的物品，小如卡片套、塑膠盒、接駁用的電線，甚至電燈泡；大如各式各樣、不論新舊的炒鑊廚具、電子產品和電器等，都是出於他那「不怕一萬，就怕萬一，即使是千萬分之一的可能」的思想假設。「鍾醫生，我當然有聽過、試過『斷捨離』──結果是這邊廂我把幾個卡片套掉了，那邊廂我才剛開始使用不到一星期的那個『八達通』卡片套就爛掉了，而更慘的是竟然那種平凡不過的卡片套也會缺貨，害得我花了多個週末、走遍港九多間文具店才能買回一模一樣的。另外，我又試過把其中一盒發霉的VHS拿到專門將錄像數碼化的公司去評估、去翻製成光碟，可惜結果是磁帶給弄壞了，錄像卻轉換不成，我人生的一部分也就灰飛煙滅了。你要知道，那些VHS裏面盛載的是我年輕時最美好的回憶，萬一搞不好它們全給弄壞了，我的回憶豈不是會全消失殆盡！於是，我索性自己動手；只是當我還在努力準備着足夠轉載五、六十盒VHS（相等於600小時的錄像）的外置式硬碟、「USB手指」等的同時，才猛然發現VCR錄影機已經停產了！於是，我惟有先到各處搜購錄影機，連帶卡式錄音

機、MD Walkman也見到就先買，為以防萬一。再者，我猜你也試過夜半三更時電燈泡、光管突然熄掉了吧？試過怪自己沒多買來替補吧？故此，在我自己看來，我在做的只不過是在未雨綢繆罷了。更重要的是，我一向都有盡力把家中的東西收納好啊！所以怎麼看我家也不像那些實況電視節目所謂的『垃圾屋』……更不是『甲由屋』吧！」

家烜繼續抗議的辯解說：「上一次也是我這幾年來頭一次在半夜時分給走廊的塑膠箱絆倒。我要是有點運氣，就不會給旁邊掉下來的箱子直接壓到身上，也不會住上醫院，更不用給社工轉介到你這邊來……」

「收納好」——就是那走廊兩旁的塑膠箱在家烜給絆倒時「骨牌式」的塌下，造成像大地震時塌樓般一樣的巨響，才會驚動樓下鄰居報警。之後，因為久久沒人應門，警察惟有召來消防人員破門入屋，那時才發現他當時已經埋在「瓦礫」下動彈不得。而家烜送院之後，經醫生檢查發現他的左腳、踝骨、上大腿骨和右肩骨都給壓裂了！

焦慮或許難捱，回憶或許無價。但，健康有限，生命有價！

Black 22" bag (Cartonbox)

Hesoka. 新 , 小風Fan , HDD × 2 , (最早HDD. × 1 ,
B+套 , 反光套. 日本 100Yen (物品) , 水杯pod × 3 ,
HDD 火牛 , & 其他 , 書架 , 2015月曆 , 吸水 pad (vielda)
SD Reader (USB 2.0) , window 2000 , 3M Hook , 手套 (皮) Father
Note 2套 (舊) , Pulb , ruler ×× (old) , plastic bag
World Traveler Adapter (Singapore Airline) good
* Can repack , remain 0.1% (重中)

Blue bag (22") Cartonbox ⟶ Lego figure
3D glasses (movie) , Jumbo BBQ lighter , 橙葉水樽
3色 cable , Hulk Lego , 手机套 backpack 送 , Vacuum Stool ,
Xbox 360 手掣 , Junior Dictionary , HDMI 1.4 cable ,
Red internet cable , 透明盒 , blue thin box × 3 ,
Lint Roller , Color lucky braid , Iron Magnet ,
Japan Map , Safar , 美心月餅盒 內有 Lego , light bulb
Shoes Full Insdee , Infra Red , 手錶 ,

圖1：家炬的「收藏」清單

「儲物」也會成癮嗎?

根據美國精神醫學會2013年出版的《精神疾病診斷與統計手冊》第五版(簡稱*DSM-5*)的分類,「儲物症」(Hoarding Disorder)被歸類於〈強迫症與相關障礙症〉,而不是〈物質相關及成癮障礙症〉的篇章之下(註6)。即使於世界衛生組織在2021年最新發表的《國際疾病分類》第十一次修定本(簡稱*ICD-11*)中,與「儲物症」對等的診斷「囤積障礙」,也一樣是被納入在〈強迫症與相關障礙〉的篇章之下(註7)。為什麼在精神科定義下的「儲物症」並不似大眾預期一般,是一種「過癮」又會「成癮」的疾病呢?事實上,這也要歸功於現代醫學的進步。透過各種腦功能影像研究發現,即使「儲物症」患者和「物質成癮障礙症」患者在徵狀上都看似對某種物品或物質有種難以抗拒以至重複收集或使用的情形,但「儲物症」患者的大腦變化和活躍區域並沒有觸及到普遍活躍於「物質成癮障礙症」患者中的「犒賞迴路」(註8)。換句話說,「儲物症」患者其實並不「享受」儲物的過程,也跟「成癮」者一般有「享受」或「享受過」那物質或過程有本質上的差異。

你是「收藏家」抑或「儲物症」患者呢?

相信生於八、九十年代的讀者一定試過捱更抵夜去排隊搶購「麥當勞」的限量版Hello Kitty玩具,試過如個案中的家烜般儲《YES!》雜誌或「YES!閃卡」。不少「00後」現在都可能

正為「Mirror」瘋狂着，而且儘管家中已有不少「Mirror」周邊商品，依然連「麥當勞」那張「Mirror」托盤紙也不放過帶回家中；就算睡床擺滿東西連自己都已經擠不下去，依然無法自拔的搜購他們各款大大小小的抱枕，甚至偷走那張貼於街頭的海報！這個（或那個）時候的你（們），是不是不管朋友、父母、同學怎樣說、怎樣勸、怎樣阻止，你（們）的目標依舊如一，總之就是「生不儲齊死不休」！那麼，你（們）會不會已經是患上「儲物症」呢？

　　研究指出，「儲物症」在普羅大眾中的一般患病率大概為2%至6%。而據美國精神醫學會的調查，「儲物症」的病徵最早可能出現於青少年時期，然後到三十歲中期會浮現因「儲物」而造成的功能障礙（functional impairment）。接下來，隨着年齡增長，徵狀會變得愈來愈明顯和嚴重。而一般來說，「儲物症」患者以男性居多，並且約有50%的患者都有「儲物」的家族史。ICD-11又補充，「儲物症」的患者除了會「主動」囤積物件外，也會「被動」儲物。即是說，患者們除了會囤積他們自己主動去購買甚或是偷回來的東西、去「拾荒」、拾垃圾外，有些患者也會在被動的情況下儲起一些經由別人派遞、贈送或郵寄給他們的宣傳單張、贈品以至「垃圾郵件」等的物品。亦因如此，他們的居所很多時被媒體或市民大眾稱為「垃圾屋」，有時也因為居所衛生惡劣令蟑螂叢生，所以又會被稱為「甲由屋」。

事實上，在*DSM-5*定義下的「儲物症」，患者一般都具有以下共通的徵狀：

1. 持續性的「丟棄困難」：不管擁有物件的實際價值如何，都難以將物件丟棄或與它們分離。
2. 這種「丟棄困難」源自於自覺有着保存物品的需求（譬如說覺得被保留的物品總有一天會被用到），並與此同時對要丟棄物品感到苦惱。
3. 大量囤積的物品令居所變得異常擁擠或凌亂，也使環境愈見不宜居住。如果居所環境不亂，通常只是由於第三者（例如其他家庭成員）強行干預整理。
4. 儲物的問題引起患者顯著的困擾或重要領域功能減損，影響到社交、職業、學習及環境安全等。
5. 儲物的徵狀無法歸因於其他疾病：非其他身體問題或疾病（例如腦創傷、「普拉得威利症候群」（Prader-Willi Syndrome），也不為其他精神疾病（如思覺失調、抑鬱症、自閉症、強迫症、認知障礙症等）的延伸病狀。

至於*ICD-11*準則下的「囤積障礙」，除上述五項徵狀外，也額外加入第6項診斷準則：儲物的起因是由於患者有着不斷重複的衝動或行為去囤積物件。以個案中的家烜為例，家中除了他自己不斷重複收集或購買回來的物品外，也有各式各樣的「垃圾」宣傳單張，而且即使居所環境已經擠擁得嚴重影響日

常生活，甚至引起家居安全風險，他依然難以捨棄那些沒悼念性質、沒實際用途的舊物及囤積物，故此，在精神科的診斷層面上，不難確認家烜是「儲物症」（*DSM-5*）及「囤積障礙」症（*ICD-11*）的患者。

雖然一般被稱為「收藏家」的人，他們的「藏品」大多是價值不菲的鐘錶、珠寶、藝術品，但也有一些「收藏家」的「珍藏」可能只是一些舊玩具、布娃娃、名牌時裝店購物時送的紙袋等一些沒什麼實際價值的東西。那如果是這一類「貼地」「收藏家」，又跟「儲物症」患者有什麼本質上的差異呢？後頁「附表1」就闡述了兩者之間的主要分別。

幫「儲物症」患者把東西丟了不就刃迎縷解了嗎？

由於患上「儲物症」的病者除了有「持續性丟棄困難」外，也有「不斷重複的衝動或行為去囤積物件」，因此如果只採取「他取你棄」的策略，一般只會無功而還。若然強行把患者的囤積物清理，更可能造成患者強烈的反感，有時甚至會在當場與家人發生爭執和衝突。

臨床上，要醫理「儲物症」，精神科醫生首先會診斷病人儲物的原因是不是源於其他精神疾病，即上面提到過的*DSM-5*第5項的斷症特徵。這是由於除了「儲物症」患者外，有12%至50%情緒病患者（如抑鬱症、焦慮症）、46.7%思覺失調患

特點	一般「收藏家」	「儲物／囤積障礙症」患者
收集物品的種類	專注於同一範疇，或類型非常有關聯性。	雜亂無章；囤積物之間完全沒關聯。
搜集的途徑	有系統性：一般會有計劃地去搜尋想收藏的物品，而且也會將「收藏品」妥善整理及保存。	缺乏系統性：隨機性收集，而且通常會將搜集得來的物件隨便棄置。
過度收集	可能（因一般會付錢購買「收藏品」，所以可能性較低）。	必需的診斷準則（包括自付物品或「被動」物件）。
整理程度（包括：儲存、維修、展示）	非常有條理、有系統；空間（例如展示房間、展示櫃等）通常維持應有或良好的功能性。	雜亂不堪；儲存用的空間異常凌亂，甚至影響到正常生活或應有功能（例如廚房因放置囤積物導致失去可煮食的功用）。
自身煩擾度	極低；通常享受整個「收藏過程」及為能得到收藏品而感到歡愉（有一小部分人可能會因欠缺空間或財政支出問題感到困擾）。	必需的診斷準則：困擾源自囤積物過量、掉棄困難或未能繼續搜羅／囤積物品。
形成社交問題	極低：高結婚率；一般有志同道合的朋友或參與相關團體的活動。	嚴重：低結婚率；經常與家人因儲物問題起衝突；社交生活萎縮。
對工作構成干擾	罕見。	常見：囤積障礙愈嚴重，工作功能愈見缺損。

附表1：「收藏家」與「儲物症」患者的特徵與差別（註9）

者，及18%至33%強迫症患者都有囤積物品的徵狀。這一類因其他精神診斷而引發儲物徵狀的病人，一般通過服用抗抑鬱藥物或抗思覺失調藥物來醫治原生的精神疾病後，儲物的問題也能同時得到解決。不過，值得注意的是，有不少「儲物症」病人其實也同時患有另一種精神病患：50.7%至53%有抑鬱症、24%有經常焦慮症、23.5%有社交恐懼症和18%至20%有強迫症（註6，10至11）。此類有共生病患的「儲物症」患者，就必須透過心理治療及藥物療程，才可以有效緩解病情。

到目前為止，並無任何藥物可徹底根治「儲物症」。雖然不管是 *DSM-5* 抑或是 *ICD-11* 都將「儲物症」和「囤積障礙」症納入於〈強迫症與相關障礙〉的篇章之下，但腦部造影研究發現「儲物症」與強迫症患者的腦內活躍區域並不一致（註8），這意味着一些針對治療強迫症的藥物或心理治療方案，即使應用於「儲物症」患者也不一定能得到相等的功效。舉例說，大概40%至60%的強迫症病人在服用「選擇性血清素再吸收抑制劑」（selective serotonin re-uptake inhibitors，簡稱SSRIs）類抗抑鬱藥物後，他們的症狀會得到明顯改善（註12）；相反，只有30%至40%的「儲物症」患者在服用過SSRIs後病情會有好轉（註13）。相較藥物，心理治療，特別是「認知行為治療」（cognitive behavioural therapy），或心理治療加上藥物治療的雙軌並行療法，對醫治強迫症和「儲物症」效果反而更佳（註14至16）。

在「認知行為學」的框架下，「儲物症」患者普遍有四項共通的「認知缺失」（cognitive deficits），包括：訊息處理（information processing）、對所儲物件的信念（beliefs about possessions）、迴避行為（behavioural avoidance）和情感依附（emotional attachment）。患者一般在要做決定，譬如說該怎樣整理、應否保留或丟棄囤積物的時候，都會感到非常困惑，也特別害怕會發生「掉錯」物件的可能性，以及放大了「萬一掉錯⋯⋯」的惡果。他們對所積存的物件同樣有着過分的責任感，覺得自己就是那些物品唯一的主人，亦只有他們才有資格去處置它們。而且很多時候，他們對囤積的物品都依附上不同的回憶與情感，把物品的存在和回憶劃上絕對等號，所以怕自己的回憶會因失去這些物品而一併消失。也正正因為害怕面對那份「掉錯」或回憶會「被」消失的不安、失落，害怕「睹物思人」，又或是害怕經歷「景物依舊人事全非」的那份憂鬱與傷感，他們會迴避整理那些囤積物來逃避面對那些負面情緒（註15，17）。正如個案中的家烜一樣，他很大部分的「珍藏」其實是代表着他對已逝雙親的回憶與聯繫，他情願讓那些錄影帶發霉、情願忍受着那些舊報紙、雜誌長出蠹魚（俗稱「書蟲」），也不願將它們掉棄，卻任由它們入侵他本應可以住得更寬闊、生活得更舒適的空間；他不斷重複搜購相同的物品、保留那些根本不必要的舊文件，就是放大了他那「不怕一萬，只怕萬一」的可能性和逃避着背後那份不安全感。

　　故此，在「認知行為治療」的過程中，精神科醫生會透過

拆解「儲物症」患者這些「認知缺陷」，協助他們認清他們儲物背後的真相，令患者改變儲物的行為，以及改善他們相關的情緒問題。正如家烜來覆診時上的那一課「如何掉垃圾」，其實是他合共約三十六節、每節長約一小時的「認知行為治療」中的其中一節治療課。而當中所謂的「掉垃圾」就是通過要家烜自己「親手」棄掉他的「珍藏」（垃圾），令他明白那些東西對他的意義，本質上並不在於眼前的「物」，而是背後的「情」，也令他了解物件的消失並不代表回憶的消逝。最後，亦要讓他感受「失去」之後可能帶來的不安之餘，同時學習調整思維模式和平衡情緒的技巧去面對那份不安、那份憂傷。在整個「認知行為治療」中，家烜會重重複複經歷類似的失去與重整來改善「儲物症」的病況，以達至最終他一個人的時候，也可以靠自己做得到「斷、捨、離」的目標。

註1：　　　VHS為Video Home System的縮寫，意思是「家用錄影系統」。VHS錄影帶誕生於1976年，利用磁帶技術，透過VCR（video cassette recorder）錄影機，可以錄製最長十小時的影像。由於VHS系統能與任何常見的電視機兼容，所以能將電視節目存錄起來，又能將電影製作成VHS然後在家中電視播放。VHS與VCR全盛時期為上世紀八、九十年代，到2000年開始漸漸給VCD（video compact disc）、DVD（digital video disc）等光學制式錄像系統取代。而日本最後一家生產VCR錄影機的廠商船井電機，亦在2016年正式停產VCR錄影機。詳見 https://hk.on.cc/hk/bkn/cnt/lifestyle/20160722/bkn-20160722192844902-0722_00982_001.html

註2：　　　《不要驚動愛情》是香港女歌手鄭秀文收錄於2010年6月由東亞唱片發行的專輯《Faith信》中的一首歌曲。該歌曲亦是第33屆十大中文金曲得獎金曲之一。

註3：　　　張保仔是清代嘉慶年間的著名海盜，活躍於粵東一帶。據說，現於長洲西灣崖邊的一個天然山洞，乃當年張保仔躲避朝廷追捕的藏身之所，也是他收藏寶藏的秘密地點之一，故被後人稱之為「張保仔洞」。由於這個山洞的洞身非常狹窄，僅可供一人通過，因此遊客亦只能從洞的一邊進入，再由另一邊離開。

註4：　　　MD是MiniDisc的簡稱，是日本索尼公司（Sony Corporation）於上世紀八、九十年代研發，可重複讀寫的儲存光碟。為了攜帶方便，MD碟片被封裝在塑膠外殼中。由於音質媲美音樂光碟，而面積又只有它的四分之一，於是MD旋即成為「隨身聽」（walkman）界的新寵。不少港、台、日歌手如鄭秀文、彭羚、容祖兒、張學友、周杰倫、安室奈美惠、SMAP等都有專輯以MD形式發行。直到二十一世紀，隨著互聯網絡和線上音樂的迅速發展，索尼公司最終於2011年停止生產MD walkman，MD亦正式退出歷史舞台。

註5：　　　「WannaCry」是透過互聯網對全球執行視窗作業系統的電腦進行攻擊的加密型勒索軟件兼蠕蟲病毒。它會把系統桌布轉成英語告示，並顯示一封提供二十八種語言版本的勒索信，要求被感染的用戶在三天的期限內支付300至600美元等值的比特幣，不然「贖

金」會翻倍，而超過一週仍未付款的話則會「撕票」——即將被此病毒入侵後加密的檔案刪除。據報自2017年5月此病毒大爆發後，合共超過一百五十個國家或地區、三十萬名電腦用戶受影響，而勒索所得的金額估計高達400億美元。詳見 https://usa.kaspersky.com/resource-center/threats/ransomware-wannacry.

註6： 《精神疾病診斷與統計手冊》第五版（英文全名為 *Diagnostic and Statistical Manual of Mental Disorders Fifth Edition*，簡稱 DSM-5）。American Psychiatric Association原著。徐翊健等譯。合記圖書出版社。2018/19。ISBN 978-986-368-194-6。

註7： International Classification of Diseases, Eleventh Revision (ICD-11), World Health Organization (WHO) 2019/2021. https://icd.who.int/browse11. Licensed under Creative Commons Attribution-NoDerivatives 3.0 IGO licence (CC BY-ND 3.0 IGO).

註8： Tolin, D. F., Stevens, M. C., Villavicencio, A. L., Norberg, M. M., Calhoun, V. D., Frost, R. O., Steketee, G., Rauch, S. L., & Pearlson, G. D. (2012). Neural mechanisms of decision making in hoarding disorder. *Archives of General Psychiatry, 69*(8), 832–841. https://doi.org/10.1001/archgenpsychiatry.2011.1980

註9： Mataix-Cols, D. (2014). Hoarding disorder. *The New England Journal of Medicine, 370*(21), 2023–2030. https://doi.org/10.1056/NEJMcp1313051

註10： Tolin, D. F., Meunier, S. A., Frost, R. O., & Steketee, G. (2011). Hoarding among patients seeking treatment for anxiety disorders. *Journal of Anxiety Disorders, 25*(1), 43–48. https://doi.org/10.1016/j.janxdis.2010.08.001

註11： Ong, C., Sagayadevan,V., Lee, S. P., Ong, R., Chong, S. A., Frost, R. O., & Subramaniam, M. (2016). Hoarding among outpatients seeking treatment at a psychiatric hospital in Singapore. *Journal of Obsessive-Compulsive and Related Disorders, 8*, 56–63. https://doi.org/10.1016/j.jocrd.2015.12.002

註12：   Lochner, C., & Stein, D. J. (2014). Treatment of obsessive-compulsive and related disorders. *Current Treatment Options in Psychiatry,1*, 225–234. https://doi.org/10.1007/s40501-014-0021-6

註13：   Brakoulias, V., Eslick, G. D., & Starcevic, V. (2015). A meta-analysis of the response of pathological hoarding to pharmacotherapy. *Psychiatry Research, 229*(1–2), 272–276. https://doi.org/10.1016/j.psychres.2015.07.019

註14：   Tolin, D. F., Wootton, B. M., Levy, H. C., Hallion, L. S., Worden, B. L., Diefenbach, G. J., Jaccard, J., & Stevens, M. C. (2019). Efficacy and mediators of a group cognitive-behavioral therapy for hoarding disorder: a randomized trial. *Journal of Consulting and Clinical Psychology, 87*(7), 590–602. https://doi.org/10.1037/ccp0000405

註15：   Piacentino, D., Pasquini, M., Cappelletti, S., Chetoni, C., Sani, G., & Kotzalidis, G. D. (2019). Pharmacotherapy for hoarding disorder: how did the picture change since its excision from OCD? *Current Neuropharmacology, 17*(8), 808–815. https://doi.org/10.2174/1570159X17666190124153048

註16：   Leichsenring, F., Steinert, C., Rabung, S., & Ioannidis, J. (2022). The efficacy of psychotherapies and pharmacotherapies for mental disorders in adults: an umbrella review and meta-analytic evaluation of recent meta-analyses. *World Psychiatry, 21*(1), 133–145.

註17：   Weir, K. (2020). Treating people with hoarding disorder. *American Psychological Association Continue Education 51*(3). Retrieved from https://www.apa.org/monitor/2020/04/ce-corner-hoarding

2.11
我不（想）是小偷！

　　鍾醫生，你好，這是我第一次寫信給自己的主診醫生。

　　回顧過去十年，我最常寫的信就是「求情信」。收信人不是給法院的裁判官、主審法官去懇求他們減刑輕判，就是給父母、老公來請求他們原諒我的「死性不改」。但上次覆診之後，我決定寫一封給你，也同時是給我自己的信。

　　如果平行時空真的存在的話，那一年，應該就是我的另一個自己反噬成功了。那年，我才十六歲。

　　從小到大，在父母、親戚、同學和老師眼中，我都是頭頂着「品學兼優」冠冕的好孩子、好學生。原本以為DSE (註1) 之後我就可以順利升上大學，當上一位精算師，投身金融業，大展拳腳。可是，又有誰猜到，就在DSE開考前的兩個星期，我卻以「罪犯」的身份被帶進警署。

我還隱約記得，那天並不算熱，我一如既往的在圖書館裏溫習，但不知從哪來的一種不可名狀的不安感突然充斥全身，我感覺到自己的臉在發滾、手心在冒汗、雙腳在發抖。我並沒有左顧右盼多久，就趁着旁邊那位老伯上廁所，把他在看的一本雜誌和放在枱面的太陽眼鏡扔到自己的背包內，然後立刻奪門而逃。說來奇怪，原先內心的不安卻突然換成了一種莫名其妙的興奮感——那份愉悦、那份成功感灌滿我的血液，運走全身，使得我既血脈賁張，又頭暈腦脹。老實說，那副「廟街」款式的太陽眼鏡和那本過期 *Newsweek* 對我而言根本毫無用處。我稍稍定過神後，先是在圖書館附近徘徊，確定沒什麼異樣，就把剛剛順手牽羊得來的東西掉進垃圾桶裏。但可怕的是，只一瞬間，我內心又傳來了像是魔鬼的呼喚，引誘着我，使得我又溜回圖書館裏去多「拿」幾樣不同的東西：旁邊阿姨的老花眼鏡、對面小孩的水瓶，還有「終極挑戰」——圖書館管理員前面用來蓋「還書日期」用的印章！當眼鏡、水瓶順利「拿」到手之後，我已萬分期待那份最後「勝利」，因為我知道那會是前所未有的極樂感……正當「我成功了！」這句話還在我正充血的腦海中迴盪之際，有種力量忽然纏上了我，害我得站着。然後我聽到的是——「有賊呀！有小偷『偷』東西！」之後的細節，我也記不得太清楚了，只知道我被押送到警署，只記得我看到調查室內

玻璃倒影的自己面如土色，同時聽到在調查室門外的我媽在哭、我爸在哀求警察先生的聲音……最後，我因「偷竊罪」給「警司警誡」了。

我後悔，我非常後悔！

那天之後，我頭上那冠冕換成了孫悟空的「金剛圈」；爸媽每天的嘮嘮叨叨成為最煩人的緊箍咒。我根本沒辦法專心溫習。我的夢想、理想，隨着連「3322」(註2) 的成績也不達標而化成飛灰，我只好修讀工商管理副學士課程。我對自己承諾，我不會再犯法，我要入大學。頭一年，我不單能堅守防線，還成為GPA「爆4」的學生 (註3)。警察那邊也因為我成績優異，提早結束了「警司警誡」條件下對我的監管。我以為我終於「洗底」成功，我可以重生，可以重新出發！沒錯，紀錄上，我已不是竊賊，但我感覺到在我身體內的那個惡靈，時刻都在蠢蠢欲動；而最終，它在距離我第一次被捕後一年多的一個晚上，正式甦醒。

那晚是平安夜，我跟同學們一起去超市，為學系即將舉辦的聖誕節活動補購一些飲品和小食。或許是平安夜的關係，即使快到打烊的時間，店內還是很熱鬧，店員不是忙着補貨，就是在收銀處埋首低頭幫

忙。我們一群人邊排隊邊拿兩旁的聖誕裝飾在開玩笑，又把糖果、保險套互相塞給對方。突然，我渾身不自在。我手心冒汗、臉紅耳赤，一種陌生但又極其似曾相識的感覺在血液中翻滾。我直視着前面的收銀員，右手不由自主的把一個放在收銀機前面的打火機放到外套的口袋內……圖書館的一幕彷彿活現眼前。我異常的懼怕，雙腳像給釘緊在地板上，若不是同學們前推後擁，我應該又會人贓並獲的給逮個正着。在成功步出超市的那一刹那間，我熱血沸騰得必須使盡九牛二虎之力來隱藏內心那份久違了的興奮感、那份狂喜。

我，再次沉淪了。

往後，不論是街口的藥房、「梗有一間喺左近」的7-Eleven、超級市場、百貨公司、「兩蚊店」，甚至連茶樓、商場廁所，我都「挑戰」過。你說得出、想不到的我都偷過 —— 水杯蓋、茶壺、馬桶漂白劑、報紙雜誌、嬰兒食品、整隻冰鮮雞、筷子湯匙、廁所內正在使用的香芬劑……最誇張的是我試過不止一次一整籃的東西連購物手推車一起偷走！更諷刺的是，只要我偷的東西體積愈大，偷的量愈多，又或是過程中我愈不安、愈恐懼，在成功得手之後我反而會愈亢奮！奇怪的是，有時我會在連自己也沒有預計過或毫

無預警的情況之下偷東西。（我試過在公廁如廁中途突然心血來潮，偷走多卷放在不同廁格裏給人備用又髒得要死的衛生紙！）

上次覆診時，鍾醫生你問我，偷完、興奮完，然後呢？事實上，那些偷來的物品，我根本沒需要，我也絕對付得起錢去買。所以，那些東西99%我都會在「案法現場」附近掉棄，剩下來的1%，通常會變成我當場給逮個正着時的「呈堂證據」。坦白說，從學生時代，到現在我已是執業會計師、人妻、人母，每次偷東西之後，我慚愧；每次人贓並獲，我被拘捕帶到警署要老公作擔保、替我找律師時，我懊悔、內疚。會計師公會已對我的「案底」累累表示關注並發信警告「除牌」的可能；我老公已不止一次質問我為什麼一定要去偷，責罵我「偷竊偷上癮」，亦已不下數次發「最後通牒」警告我要跟我離婚……我愈來愈害怕，怕終有一天，我真的要收監，而在我坐牢的時候，我老公會帶着Lucy（我們的女兒）從此消失在我的生命之中。但是，我就是控制不了那股去偷的衝動。我甚至試過每逢那偷竊的慾望蠢蠢欲動時，就用鎅刀鎅自己一下……可是即使我已經把我自己的兩條大腿都鎅得傷痕累累，我依然無法抗拒赫爾墨斯（註4）的魔法，每次都無助地自動臣服於他的詛咒之中，經歷着來回地獄又折返人間的日子。

鍾醫生，你能想像那是一種多麼絕望的感覺嗎？

　　這次幸得法官提出要索取精神科醫生評估報告，我才知道原來我一直「生病」了。雖然感化主任說這不等於我這次的「偷竊罪」可以給免責或撤銷，但至少，我又多了一次機會、有了一個希望。正如你那天所說，我前面的路並不好走，既要接受藥物療法，也要同時進行心理治療。但我願意，我願意為我老公、為Lucy、為我們仨的將來努力。

病人Emily上

17-08-2017

貪婪？「偷上癮」？抑或只是恃「病」避責？

　　相信不少人都覺得「小偷」也好，「文雀」也好，都跟「強盜」、「劫匪」無疑，因為他們都是因為「貪婪」，為錢犯案。因此，如果他們被逮到、被判刑坐牢，都是自作自受，一點都不值得同情。無可否認，「偷」是有違道德的行為，只是很少人知道，原來「偷」也可以跟貪婪無關，甚至是在二百多年前已經有記載的一種病——「病態偷竊症」（kleptomania）（註5）。

　　根據美國精神醫學會2013年出版的《精神疾病診斷與統計手冊》第五版（簡稱DSM-5）的分類，「病態偷竊症」被歸

類於〈侵擾行為、衝動控制及行為規範障礙症〉，而不是〈物質相關及成癮障礙症〉的篇章之下（註6）。而世界衛生組織（簡稱「世衛」或WHO）在2021年最新發表的《國際疾病分類》第十一次修定本（簡稱ICD-11）中就有與「病態偷竊症」對等的斷症——「偷竊狂」，也同樣被納入在〈衝動控制障礙〉的篇章之下（註7）。這兩大精神健康組織之所以不約而同的作此分類，是因為即使「病態偷竊症」和「物質成癮」的成因都與「多巴胺」這種神經遞質有關，但腦部造影研究顯示「病態偷竊症」的「多巴胺」活躍區卻不在「犒賞迴路」系統，反而是在靠近「前額葉皮質區」（prefrontal cortex，又稱「前額皮層」）及「腹側前額區」（ventral frontal brain region）這兩處與控制衝動相關的部位。再加上除了「多巴胺」外，「病態偷竊症」的形成也跟腦內的「血清素」（serotonin）失衡有關（註5、8至10）。因此，醫學界一般認同「病態偷竊症」患者不是因為「貪婪」、「偷上癮」才不斷重犯，而是因為患者在衝動控制的能力上有所缺失才會導致「死性不改」的偷竊行為。

DSM-5與ICD-11對「病態偷竊症」的診斷準則基本上是完全一致的：患者會反覆出現那種無法抗拒的偷竊的衝動，而且總欠缺明顯的動機，例如所偷的東西既非為個人所需，也非為其金錢價值。偷竊前他們都會感到精神緊張或情感促動，但在偷竊期間或成功的一刻會感到愉悅、歡愉、紓壓或滿足，再之後卻又會因為自己偷竊的行為感到罪疚和羞恥。「病態偷竊症」患者亦多為女性（女：男比例大約為3：1），而首次病發

年齡通常是在二十歲以前。雖然患者會不斷重複出現偷竊的衝動，研究卻發現他們偷竊的行為模式大概可劃分為三類：第一類為間歇又短暫的偷竊期，而中間相隔較長時間的緩解期（remission period）；第二類為較長時間的偷竊期而中間只相隔短暫的緩解期；最後一類是長期且連續不斷的偷竊期並極少出現緩解期（註5至7）。個案中的Emily的偷竊行為表現正正符合「病態偷竊症」的症狀，而她偷竊行為的模式則比較貼近第二類的患者。

很多人誤以為精神病是法律制度上的「免死金牌」，以為凡罪都可「恃病脫罪」，甚至可以「恃病避責」。事實並非如此，也絕無此事！被捕或被告人究竟在被捕後會否被立案提告、起訴，到會否被定罪、判刑，或判刑後刑罰的輕重等，純粹是依據獨立的司法系統及法律的條文作依歸，而不是取決於當事人是否有精神疾病。以「病態偷竊症」為例，64%至87%的病人就曾因偷竊而被逮捕（註11），即使36%的患者在被捕後被判無罪，但10%至20%的患者會被判有罪，甚至被判入獄（註5）。正如Emily的感化主任所說，「病態偷竊症」這個斷症不會是Emily的免責金牌。再者，根據香港法律第210章《盜竊罪條例》，任何人犯盜竊罪（包括偷竊），即屬犯罪，循公訴程序定罪後，最高可處監禁十年。

既然是「病」，那必然有藥可醫？

醫學界對於這個已經存在了兩個世紀的病症仍然知之甚少，其中一個原因是因為「病態偷竊症」的患病率極低，平均只有0.3%至0.6%（註5至6），遠低於世界衛生組織公佈的常見精神病患的患病率，如抑鬱症（4.4%）、焦慮症（3.6%）等（註12）；也遠較其他嚴重精神病患在香港的患病率，如思覺失調（2.47%）、精神分裂（1.25%）等為低（註13）。而且一般患者都像個案中的Emily一樣，覺得那只是個人的品格問題，很少求醫。這種種都局限了它在臨床徵狀上的研究和治療方法的系統性分析。

故此，直到目前為止，並沒有任何大型研究支持任何一款藥物或心理治療能徹底根治「病態偷竊症」。現時要醫治「病態偷竊症」，精神科醫生除了會先了解患者的背景、偷竊的行為模式、結果、影響，以及先前偷竊的判決紀錄和刑責外，也會檢查患者是否同時有共生病患。初期臨床研究指出有高達45%至100%的「病態偷竊症」病者同時患有其他情緒病，如抑鬱症、輕躁狂症、焦慮症，或其他物質成癮症，而使用相對應以治療共生病患的藥物和心理治療，如「選擇性血清素再吸收抑制劑」（selective serotonin re-uptake inhibitors，簡稱SSRIs）類抗抑鬱藥物、「μ-類鴉片受體」抗拮劑、「認知行為治療」等，都能有效緩解「病態偷竊症」。（註5及14）

註1：　　　即「Diploma of Secondary Education Examination」的簡稱，中
　　　　　文名稱為「香港中學文憑考試」，是因應「三三四」高中教育改革，
　　　　　由香港考試及評核局於2012年開始舉辦的公開考試，為六年制中
　　　　　學的畢業試，並以之取代自1978年起就舉辦的「香港中學會考」。

註2：　　　「3322」是指考生在「香港中學文憑考試」的中國語文、英國語文
　　　　　科達到第3級，以及數學必修部分和通識教育達到第2級的成績，
　　　　　便符合最基本的資格以申請修讀大學教育資助委員會資助的大學
　　　　　和院校的四年制學士學位課程。除了四個核心科目外，各院校也會
　　　　　制定包括一個或兩個選修科目的成績要求，以及其他入學條件，以
　　　　　篩選出最適合的學生。

註3：　　　GPA為「Grade Point Average」的縮寫，即平均成績點數，一般
　　　　　以4分為滿分，俗稱「爆4」。

註4：　　　赫爾墨斯（Hermes）是古希臘神話中的小偷、騙子和盜賊之神。
　　　　　赫爾墨斯聰明伶俐，機智狡猾，又被視為欺騙之術的創造者。根據
　　　　　神話傳說，他出生的第一晚就已經做了小偷，從母親邁亞那裏溜出
　　　　　去偷他哥哥阿波羅的神牛。

註5：　　　Sipowicz, J., & Kujawski, R. (2018). Kleptomania or common
　　　　　theft-diagnostic and judicial difficulties. *Psychiatria Polska,*
　　　　　52(1), 81–92. https://doi.org/10.12740/PP/82196

註6：　　　《精神疾病診斷與統計手冊》第五版（英文全名為*Diagnostic and*
　　　　　Statistical Manual of Mental Disorders Fifth Edition，簡稱
　　　　　DSM-5）。American Psychiatric Association原著。徐翊健等譯。
　　　　　合記圖書出版社。2018/19。ISBN 978-986-368-194-6。

註7：　　　World Health Organization. *International Classification of*
　　　　　Diseases 11th Revision (ICD-11). Retrieved from https://icd.
　　　　　who.int/en

註8：　　　Probst, C. C., & van Eimeren, T. (2013). The functional
　　　　　anatomy of impulse control disorders. *Current Neurology and*

Neuroscience Reports, 13, 386. https://doi.org/10.1007/s11910-013-0386-8

註9 :   Grant, J. E., Odlaug, B. L., & Wozniak, J. R. (2007). Neuropsychological functioning in kleptomania. *Behaviour Research and Therapy, 45*(7), 1663–1670. https://doi.org/10.1016/j.brat.2006.08.013

註10 :   Mangot A. G. (2014). Kleptomania: Beyond serotonin. *Journal of Neurosciences in Rural Practice, 5*(Suppl. 1), S105–S106. https://doi.org/10.4103/0976-3147.145244

註11 :   Blum, A. W., Odlaug, B. L., Redden, S. A., & Grant, J. E. (2018). Stealing behavior and impulsivity in individuals with kleptomania who have been arrested for shoplifting. *Comprehensive Psychiatry, 80*, 186–191. https://doi.org/10.1016/j.comppsych.2017.10.002

註12 :   World Health Organization. (2017). *Depression and other common mental disorders: global health estimates.*Retrieved from https://apps.who.int/iris/handle/10665/254610

註13 :   Chang, W. C., Wong, C. S. M., Chen, E. Y. H., Lam, L. C. W., Chan, W. C., Ng, R. M. K., Hung, S. F., Cheung, E. F. C., Sham, P. C., Chiu, H. F. K., Lam, M., Lee, E. H. M., Chiang, T. P., Chan, L. K., Lau, G. K. W, Lee, A. T. C., Leung, G. T. Y., Leung, J. S. Y., Lau, J. T. K., ... Bebbington, P. (2017). Lifetime prevalence and correlates of schizophrenia-spectrum, affective, and other non-affective psychotic disorders in the Chinese adult population. *Schizophrenia Bulletin, 43*(6), 1280–1290. https://doi.org/10.1093/schbul/sbx056

註14 :   Grant J. E. (2006). Understanding and treating kleptomania: new models and new treatments. *The Israel Journal of Psychiatry and Related Sciences, 43*(2), 81–87.

從渴求到成癮

被大腦「綁架」的生理和心理機制，以及評估和治療方法

作者　　　鍾嘉健醫生

總編輯　　葉海旋

編輯　　　李小媚

書籍設計　吳國雄

內文相片　Shutterstock（p11,12）

出版　　　花千樹出版有限公司

地址　　　九龍深水埗元州街290-296號1104室

電郵　　　info@arcadiapress.com.hk

網址　　　www.arcadiapress.com.hk

印刷　　　美雅印刷製本有限公司

初版　　　2022年7月

ISBN　　　978-988-8484-99-7